天下·文化
BELIEVE IN READING

阿甘投資法

不看盤、不選股、不挑買點
也能穩穩賺

闕又上 著

這本書提供了以簡馭繁的投資方法，讓你賺取財富之餘，

得以空出雙手和時間，追求工作、家庭、健康均衡的財富人生。

大智若愚——
以簡馭繁的股市青冥寶劍

　　看過「阿甘正傳」這部電影嗎？印像中，我因為這部電影開始關注了湯姆漢克（Tom Hanks）這位影壇巨星，這部電影在 1995 年第 67 屆奧斯卡金像獎，拿下 6 個獎項，包含最佳影片、最佳男主角、最佳導演等大獎。

　　投資的本質是什麼？如果你不了解，將會在眾多投資策略中迷失，而且可能誤入歧途。了解投資本質很重要，極其重要！這是建立投資哲學的重要基礎，世間學問相同，依此類推，生命的本質是什麼？成功的本質是什麼？說來難以置信，我竟然可以在這部電影裡頭，找到一些相關和必要元素。

　　然而成功的探索不會一步到位，相同的，在這部電影裡頭，也不會直接告訴你什麼是人生真理，電影中有許多片段場景、故事，看似不相關，甚至沒頭沒尾，有人看完電影得到的印象是：阿甘只是不停地跑。

　　電影中更多精彩的細節和情節以及想表達的意涵，就由你

去發掘，但「阿甘投資法」，不管是使用的標的或策略，都有我上述講的這些特質：簡單、坦誠、聚焦、專注，這些做事、投資可以成功的要素。

但這需要你看完電影後，沉澱下來，才能爬梳之間的連貫，和隱藏的真理，一如投資世界，外表總有許多令人目眩的投資操作、派別技巧，但投資本質才最關鍵。這本書的操作策略取名阿甘投資法，其實也有相關的意涵和本質在其間。

電影裡世俗中的功成名就，都不是阿甘刻意去追求的，阿甘只是做到做人、做事的核心──誠懇、善良、單純、專注、重諾，以及不計較地付出，以當今社會講究表面、投資重視操作技巧的許多惡習來看，乍看之下阿甘很傻，但卻離成功最近。投資也是如此，所以中國人喜歡用「大智若愚」來形容，因為真正的智慧竟然是如此簡樸，沒有花招，就可以在做人處事和投資的世界，為你帶來扎實的人脈和黃金白銀！

電影你可以慢慢品嘗，每個人的體會不一樣，感受不到也沒有什麼太大損失，但在投資世界，犯錯卻要付出慘痛代價，而且常是再回頭已百年身，那就可惜了，所以在投資理財的世界，閱讀極為重要，知識就是力量，也是財富！

這本書是《每年10分鐘，讓你的薪水變活錢》改版新書，大家會關心的是，改版後增加了什麼內容，舊讀者還值得擁有這本改版書嗎？我條述如下：

（1）寫書之後，我才發現每一個人，閱讀或理解能力不同，卡關處也不同，再版加了一些內容，希望能夠破解一些迷思，例如阿甘投資法禁得起考驗嗎？有比阿甘投資法更好的方法嗎？應該繼續尋找投資致勝的青冥寶劍？還是阿甘投資法就最貼近投資本質？

（2）阿甘投資法也適用在台股嗎？阿甘投資法是一種好的投資哲學嗎？有什麼缺點需要加以注意的呢？

（3）台灣廣受關注的 2 檔 ETF —— 0050 和 0056，哪一個比較好？未來 ETF 商品將會多到令人無所適從和選擇，從策略上如何分析？從工具上如何挑選？

（4）投資賺取價差，是多數投資人認為可以快速致富的想法，真的是這樣嗎？如果是，該注意什麼？如果不是，有什麼數據和案例可以讓人相信？

（5）投資是賺價差好？還是長抱更好？其實適合你的最好，但如何探索適合自己的投資操作呢？

這本書適合誰閱讀？我在 2019 年出的第四本新書《為什麼你的退休金只有別人的一半？》，花了許多篇幅強調投資哲學的重要性，因為有了它，你才會有投資的「定見」和「遠見」，也才能夠以簡馭繁，空出雙手去經營、享受均衡的財富人生，如果沒有屬於自己的投資哲學，龐大的財經資訊，未必能讓你做出好的決策，以繁馭繁，會變成「繁上加煩」，你恐

怕只能更煩！

我記得第二次上資深媒體人唐湘龍節目時，他非常關心50歲的中年族群，在年改後退休金是否足夠的問題，前不著村，後不著店的尷尬，怎一個愁字了得！我回答他說，阿甘投資法依然適用50歲的人，必要時參考本書10封信，創造簡單的副業，15年下來產生的退休金（輔助帳戶），可以讓退休生活找回昔日的優雅（優渥）和舒適。他有點不可置信地說：「真的嗎？」我回：「數字可以證明」，這次改版新加台灣版的阿甘投資法，讓這些族群的朋友，可以找回一點對未來退休金的篤定和信心。

幾個月前，我記得上吳淡如和鄧惠文在華視的「有話好好說」節目時，主持人鄧惠文是心理醫師，對理財並未多加涉獵，有個議題我花了較多時間來回講解，鄧醫師終於搞懂後，問了我一句：「為什麼我今天才認識你？」我當時不知如何回應。上唐湘龍節目時，我告訴他50歲的朋友，現在開始理財還來得及，阿甘投資法講完，他補了一句：「為什麼今天才認識你？」這次，相同的提問我有經驗了，我說：「現在認識還不晚，10年後才認識阿甘就有點晚了！」

那麼，這本書適合年輕的族群嗎？有天一位讀者說，他從哥哥的書架上看到這本書，開啟了他理財的學習之路，特別是後面的10封信，對他有很深的影響，這竟然也是我幾位老朋

友特別喜愛的一個部分，他們說特別真誠，彷彿是想告訴自己子女的心聲，記得其中有一篇「第一桶金來自何方？」，當時今周刊在網路上分享的數量多達 2000 多位，年輕人對這個議題了解的渴望，反映了當前社會的理財氛圍。

　　以上這些提問，任何一個解答，都有助於你建構自己的投資哲學、擬定適合你的投資策略及戰術，當然阿甘投資法只是眾多投資策略的其中之一，也有該注意和調整的地方，這個我特地用一個實際的歷史案例做說明，有數字你就更有畫面，也更有助於未來規畫。這彷彿就像當年飾演阿甘的湯姆漢克，日趨成熟的阿甘會用歲月來向你訴說，人生第二階段的投資規畫該如何調整。

　　原本我告訴編輯，務必將舊書名放在封面上加以凸顯，避免讀者以為是新書而購買，但我花了不少時間增修、進行更多的資料分析之後，我認為每一個疑問的澄清和突破都有其價值，我改變了想法，如果可以，鼓勵舊的讀者朋友們應該考慮帶回這本書，因為這 5 年走下來，登高之後更容易讓你看清楚投資的輪廓和面貌，如果能夠少一些盲點，多一些篤定，你說值嗎？

　　另外，在增修這本書時，美國因新冠肺炎疫情，3 月 12 日道瓊下跌了 2300 多點，一天跌幅高達 10%，雖然趕不上 1987 年 10 月 19 日，我在美國目睹一天重挫 22.68% 的黑色星期一，

那天是我投資生涯的分界點，也見證了當年哈博士一生當中都沒有找到的投資本質，看完這本書，你無須重蹈有些人一輩子的悔恨和覆轍，書中自有黃金屋，這點你可以確定，但是你要用心，才能看到整個黃金屋的結構。

就算是 2020 年 3 月突來的黑天鵝，新冠肺炎疫情所造成的股災，利用阿甘投資法和其精神，依然可以度過股災的衝擊。但是阿甘投資法也不是完美無缺，需要做一點點調整，因為不知道下一顆，你拿到的人生巧克力是什麼樣的滋味，這個調整和提醒，就等你看完書，在結語中呈現，你才有比較完整的感覺。

這本書保留了原本的序言，因為在那裡你可以看到我的初心，也希望這本書的改版，讓你看到不一樣的視野，在眾多紛紜的投資策略中，能有阿甘的篤定和自信，因為你靠近了投資真實本質，沒有比這個的找尋更重要了！

目錄

Part 1 ▶ **看透市場本質
打造你的賺錢分身**

Part 2 阿甘投資法
不看盤、不選股、不挑買點

目錄

前言

9 個法寶，
讓你投資少走冤枉路

　　多年前，一個宴會場合，朋友發現了我，把我拉到一旁輕聲細語地問：「買股票真的能賺錢嗎？我姊夫買股票最近好像虧了不少，我姊姊和他鬧意見，你知道嗎？他還是大學的會計教授……。」這段對話，時隔 20 幾年我還印象深刻，買股票會不會賺錢，跟學歷或哪個行業無關，跟用對方法有關。

　　用對方法看似簡單，有些投資人一輩子都沒悟出，而我準備用職業生涯中總結出的賺錢方法來告訴你：雖然阿甘投資法未必是獲利最大的投資方式，重要的是，這個方法簡單、安全且可以獲利，而且 1 年只花 10 分鐘，或每季只花 1 小時的時間操作。這樣的理財投資方式，對象是給：

　　1. 有理財投資需求，但是沒有興趣的人；

　　2. 有理財投資需求，但沒有時間的人；

　　3. 有理財投資需求，但覺得理財太枯燥深奧的人；

　　4. 有理財投資需求，但資金和財務知識相對欠缺的人；

5. 關心退休，希望養得起未來的人；

6. 不管錢多錢少，但怕股市虧損的人。

這些朋友可能比一般人更需要正確的投資觀念和理財規畫的協助，我希望透過這個簡單的投資方法，他們 1 年只需在除夕夜花 10 分鐘做以下安排：3 分鐘回顧感謝，3 分鐘做數字計算，另外的 4 分鐘開支票，決定下一年度的旅遊計畫、慈善捐款，或其他開支。

要用那麼短的時間，做出一個還可以的投資規畫是個挑戰。以簡馭繁是給這些朋友最高的投資指導原則，簡單中卻包含歷史經驗、投資理念、執行紀律和不簡單的獲利。有許多人並不認識我，加上如果沒有那麼多時間來發掘這書是否有可讀性，不妨讓我們挑明的說，這本書為什麼值得你閱讀？

1. 巴菲特 17 年無法超越的績效

本書推薦的投資標的，是立於不敗之地的「王牌」。不能打通大家投資觀念上任督二脈的事，我沒有興趣，我要做的是，打破你投資觀念的迷思，操作技巧的問題容易討論，觀念的改變和突破卻很困難，不然怎麼會有「江山易改本性難移」的說法，這也是我在美國的客戶願意付高昂的顧問費，讓我解答他們的盲點、找到正確方向的原因。

這本書不但直接告訴你投資標的，還會提出做法以及應變

上的管理，只有這樣，你才能真正擁有並且管理財富，早日達到財務自由，富足一生。

2. 讓你財富成長 23 倍

過去 10 年來，你手邊的 20 萬美元，是否成長 1 倍？或過去 20 年來成長了 6 倍，達到 123 萬美元？或過去 30 年成長了 23 倍，達到 475 萬美元？如果沒有，你應該了解本書介紹的這個簡單的投資工具，只要投資報酬複利達 10.81%，就能在 30 年間賺取 23 倍報酬；如果有，你的投資眼光的確不同凡響，但若你急需用錢，能在一天變現嗎？如果也有，你確有理財天分，但你能 1 年只花 10 分鐘做到嗎？多數人幾乎做不到，但是本書告訴你如何達成。

3. 學會危機處理的方法

基金操盤手通常只專注在投資管理，而我同時還是有近 30 年實務經驗的財務規畫師（CFP），這有什麼差別呢？基金操盤人管投資（Investment Management），但不一定有專業財務規畫（Financial Planning）的能力。

例如，到底是有錢的人才需要投資管理，還是沒錢的人更需要？很多人誤以為等有了錢才需要，其實，如果你沒錢理財或投資，通常是觀念和做法出了問題，更需要做財務規畫。

舉個例子，都說投資的運用之妙存乎一心，但怎麼運用，是功力？還是不能說的祕密？或無法說得清的藝術？投資固然是科學與藝術的結合，但既然是給大眾使用，就盡量讓藝術成分降低，讓大家有系統、規則可以遵循，避免大家看了半天卻不知如何入手。

　　我在書中以第四代老張、老王的故事為例，一個小小觀念和做法的調整，同樣的金額投資，就將近多出 25.5 萬美元，這是同時身為財務規畫師和投資管理者的我，有這兩種角色的專業混合後，比較容易得出的經驗分享。學會危機處理的方法，這本書已物超所值。

4. 為你創造賺錢的分身

　　我除了管理共同基金外，更多管理的資金是全權委託的代客操作，原因是比較靈活，有時績效會比基金更突出，這幾年因投資管理為客戶創造出來的賺錢分身，帶來的投資獲利不亞於他們工作所得。

5. 敗部復活的珍貴經驗

　　如果我的投資管理，未經過股市最殘酷的打擊和淬鍊，那可能還只是停在打順手球的階段，而過去近 30 年的投資管理生涯中，我歷經了幾次重大股災和美股失落 10 年的重大挫敗，

特別是 2008 年金融海嘯，我幾乎被打趴在地上。有人說成功是最差勁的老師，失敗後再成功的經驗更值得參考，我是敗部復活的見證之一。

6. 節省閱讀時間和金錢

以我每年要閱讀 10 本書來參考，30 年就讀了 300 本，這本書是我經過醞釀沉澱理出脈絡，且在實務中試煉，最後才提煉出的「雞精」，這是去蕪存菁，還是不施打荷爾蒙的雞精，為你省下閱讀 300 本書的時間和金錢。

7. 縮短貧富差距

投資界有一句話，讓會寫的人去寫作，讓會交易的人創造完美的交易。投資界常碰到的難題是，當一位成功的投資管理者，可以透過交易取得較高的報酬時，要他投入龐大的時間，寫下多年心得的不傳之祕，不是一件容易的事。

那我為什麼要寫？每個人有不同的人生觀和價值觀，寫書對我沒有金錢上的誘因，而是我希望縮短貧富差距的理念，及推廣正確的投資教育。

8. 0050 最佳投資方法

大海中要打撈沉船都不易，更何況是一根針，台股的散戶

多數是賠錢的，但本書介紹了 3 種投資台股的方法，1995 ～ 2007 年這 12 年累計報酬達 300%，重要的是，這方法避開了 2000 年高科技泡沫和 2008 年金融海嘯的損失，2008 年後的成績也優於大盤表現。

這個投資方法十拿九穩，又符合簡單、安全、獲利的 3 原則，而且每季所花時間不超過 1 小時，為你在股海中找到那個金鑰匙。

9. 分享人生錯誤經驗

賈伯斯曾經說過，他願意用財富換取與蘇格拉底一個下午的相處，蘇格拉底不懂科技，能夠與賈伯斯分享的是其他財富和人生體悟。相同的，除了股市以外，我在人生道路上也有困頓挫敗的經歷，因而獲得人生整體財富的體悟和一些提醒，是本書和其他理財書籍最大不同的地方之一。

如果因我錯誤的經驗為鑑，讓你得以避免損失，這收穫和意義不亞於前面幾項。

這樣的一本書，值得你閱讀嗎？如果是，接下來讓我們進一步了解如何使用本書，這會讓你手上的青冥劍用得更虎虎生風，充分發揮本書效益。

如何使用本書

知識就是力量，
找到書中黃金屋

　　據非正式統計，台灣股市投資人 80% 是虧損的，這和美國相比是一個極大的反差，主要原因在於錯誤的投資概念、錯誤的投資方式，以及選錯投資市場。

　　如果你的資金無法進入一個「成長」的軌道，那麼別說是達到財務自由，就連一般經濟生活是否寬裕，都令人擔憂。這本書跟 3 種不同族群的朋友分享。

1. 每年只想花 10 分鐘理財：阿甘投資法

　　這類朋友分 A、B 兩組，A 組目標是 1 年只要花 10 分鐘（不是 1 天），用最簡單的方式拿到 80 分以上的理財成果，我希望這一類朋友彷彿野外踏青，輕鬆自在，觀賞美景之餘保有一份怡然自得，空出時間經營人生其他財富，例如親情、友親、愛情、藝術、音樂、文學，整體人生會更豐富。

　　但天下沒有白吃的午餐，這些朋友剛開始還是需要投入時

間，了解每一個故事和背後的理論基礎，正確的投資觀念和付諸行動，不只是看懂故事，而是要經過反覆求證，一旦認同故事背後的投資理念，就要讓它進入血液，融入骨髓，變成一個非要達成的目標，如此才能以簡馭繁，產生巨大驚人的力量。

我過去 30 年的經驗無論在學理和實務上，都印證了其可行性，但誠如孫中山先生所言：「吾心信其可行，則移山填海之難，終有成功之日；吾心信其不可行，則反掌折枝之易，亦無收效之期也。」需要你的執行力和持續力。

剛開始時你需要一點耐心，就像帶你走森林步道，你只能見樹，但見不到林，沒關係，只要跟著所說的故事走，了解每一個故事要表達的意涵，輕鬆地享受樹木所散發的芬多精，等隨著章節攀登到一定的高度時，回頭一看，就會有一個清楚的輪廓可一覽眾山，看到豁然開朗的山水之美。

B 組的朋友除了欣賞平地的風景以外，還願意嘗試一下高原的生態，例如進入香格里拉觀賞高原景觀（平均高度 3,200 公尺，這樣的高度在台灣多為高山，但香格里拉卻是一個漂亮的高原），但即使身處高處，仍然是在相對安全的地方欣賞美景，適合有較多時間也有理財興趣的投資人，同樣不需要整日在股市裡打轉。

這些朋友每季撥出 1 小時，1 年大概是 4 小時的時間來打理，投資成果可再增加 5 ～ 10 分，達到 85 分以上的成績，例

如台股、美股的混搭操作，以及機會來臨時，如何短線交易獲利，還是有足夠時間經營和追求人生其他財富。

2. 每年不超過 20 分鐘理財：ETF＋資產配置

第二類的朋友，雖然喜歡老張和阿甘投資法帶來的獲利，但要特別注意，每種投資工具和策略都有其限制和不完美的地方，阿甘投資法無法有效處理股災來臨時，劇烈震盪造成的報酬損失。

這個震盪幅度有多激烈，我們會在書中特別標示和強調，讓投資人可藉以評估阿甘投資法是否適合自己。如果不適用，但又希望透過股市享受經濟成長帶來的好處，最有效的方法就是資產配置，這可以適用不同風險承受力的家庭。資產配置在書中也會提到，或者可以參考我的第二本書。

3. 華山論劍型

第三類朋友，就是企圖到華山論劍，不是看比賽，而是參與比賽，這一類投資人每天要投入的時間數十倍於前面兩者，所要閱讀的書籍也是大量的，可能要走一遍江湖上各家門派招數後，才能找到最適合自己的一套。這一類的朋友有機會我們未來在個股的討論上再做分享。

但並不意味這本書對有興趣操作個股的人，沒有適用性，

投資情緒的管理和訓練，也就是克服貪和怕兩個投資敵人，書中有很多討論，能有良好投資 EQ 的人，才有可能是投資的常勝軍。更重要的是，可能有一半以上喜歡投資個股的人，其實並不需要為了欣賞美景而攀登聖母峰，因為香格里拉和平地也有足夠的美景，這本書許多觀念和做法，依然適用這類族群的朋友，應該優先閱讀本書。

本書許多論點，只要有一點適用就值回票價，以下幾點值得多加注意，分別是：

1. 失敗和成功故事

1987 年在美國企研所畢業，當大家準備展翅高飛時，我的屁股上卻寫了 2 個大字「負債」，還是幾乎可以念 5 個學位的負債，我彷彿一隻翅膀受傷的小鳥，飛不起，還往下墜。但多年前，我比預期的還早達到財務自由，現在心嚮往之的，就像某企業家所說：為理想奮鬥耐風寒，為興趣工作永不倦怠。任何人逆轉勝的寶貴經驗，都有值得借重和參考的地方，我應該也不例外。

2. 踏出投資第一步

選擇看似安全的銀行定存，或利率勉強可打平通貨膨脹的公債，這通常是溫水煮青蛙的族群，誤解了投資安全的意義，

以為本金不波動就是安全，而忽略了真正要達到財務安全，需要擊敗物價膨脹所侵蝕的購買力，這就有必要將部分資金，投入有成長性的工具，本書將指引你如何踏出這一步。

3. 存到 300 萬第一桶金

多數有錢人，當年也要為第一桶金而費神，就算你是巴菲特的親戚，第一桶金也不會從天而降，第一桶金的獲得，沒有你想像的容易，但也不會完全沒有方法，你的態度、思維是一個關鍵，有錢人想得不一樣，用一點方法和多數人沒注意到的創意和細節，第一桶金不是夢，是一定要達成的目標，在最後 10 封信裡，和年輕朋友分享第一桶金從哪裡來？而且這桶金不是 100 萬元，是 300 萬元。

4. 美股簡單的操作法

了解阿甘投資法的限制後，如果這個缺點對你不是問題的話，投資組合中或多或少要有資金布局在美股，這是我當年尋寶的致富地圖，如今依然有效。

5. 了解股市鐘擺理論

股市常有不理性的時候，但不會偏離價值的標準，短時間未必反應，但長時間一定反應，但許多人經常在轉彎點放棄了

自己的堅持，許多令人扼腕的事就此發生，充分了解這個股市的特性，有助於你投資 EQ、定力和膽識的培養。

6. 0050 獲利方法

過去近 30 年來，台股指數依然沒有突破 1990 年的歷史高點，在區間晃動，投資 0050 長抱不動，未必是最佳的獲利模式，這時高低點的判讀極為重要，本書介紹了我和 2 位作者不同的有效方法，同時也利用金融海嘯做測試，讓你更清楚如何操作和運用。

7. 台股和美股混搭

這兩個市場未必同步，利用混搭，每年做再平衡，也是另外一種風險分散。美股適合長抱，台股適合進出，兩者混搭，確實比單一投資在台股的風險來得分散，而且績效也更好，兩個市場各有其特性，台股、美股混搭有一定參考價值。

另外談廣義的人生財富，除了金錢上的財富以外，我認為健康、友情、家庭、旅遊、藝文活動……，這些心靈財富，都值得追求，這個部分，有我當年犯的錯誤進而領悟的人生經驗和感悟，可以給一些朋友參考，用 10 封信和你探討及分享。

我的故事

重摔再爬起，
交出華爾街傲人績效

　　先來聽個故事，有位企業家要選接班人，決心、膽識和毅力是他看重的，某天他邀請了公司所有員工到他的豪華別墅舉行派對。當大家享受美酒、美食時，音樂驟停，他召集大家到一個池邊說：「你們都知道我想選接班人，這池有幾條凶猛的鱷魚，誰能從池的這一頭游到那一頭，就是我的接班人。」

　　話剛說完，還沒有時間給大家思考，只聽「撲通」一聲，有一個人已經下去了，這聲音驚動了池內的鱷魚，迅速朝年輕人游去，只見這位年輕人使出全身的力量，拚命且快速地游到池的另一頭，一個躍身上了岸。企業家非常高興，走過去問年輕人如何做了這麼一個困難的決定？年輕人氣喘吁吁地說：「董事長你能不能先告訴我，是誰把我推下去的？」

　　這年輕人之所以有游上岸的本事，是因為對鱷魚來說，咬到了不過是一頓點心，但對年輕人來說，是生命的搏鬥；點心固然美味，但用不著拚老命，一旦生命受威脅，力量非常驚

人。我為什麼會進入管理投資這個行業，因為我別無退路，也是被推下去的。

　　到美國前，在朋友鍾興春的幫忙及家人協助下，我在淡水開的店原本很賺錢，足夠支付我結婚和出國第一年的學費，結果出國 1 年後，房東要收回店面，讓我經濟陷入困境，打工的計畫不得不提前，在嘗試做了 1 個月的搬運工後，我設法申請到每週 20 小時的校外打工，開始了保險經紀人的生涯。

　　我很投入，再加上能找出保險公司產品的優點，然後用大家都懂的方式講解，更重要的是，我把不同保險公司的產品做了一個比較，因為功課做得足，所以我很自信地告訴客戶，你無需再到處比較和比價，「我已經都為你做好了，你只要跟我碰一次面，就有機會一次了解多家產品。」由於我的成交簽約率高，業績出色，得到了公司新人獎，這份工作解決了我的學費問題。

　　台灣店面結束時賣了存貨，連同貸款湊齊了 8 萬美元，當時台灣貸款不易，若把錢還給銀行，我就沒有創業資本，不還，則有貸款的利息壓力。

屋漏偏逢連夜雨

　　那時有位哈佛企管博士，他開了一門營養學分課程，這門選修課成了很多中國留學生的必修課，這位教授建議同學成立

投資俱樂部，大夥湊了錢由他操盤。那天不知怎麼和教授聊到我那筆資金，資金需要去處，他哈佛的頭銜加上 20 年的經驗很有說服力，錢就全數交給他操盤了。

很不巧，一進場就碰上 1987 年的「黑色星期一」股市大崩盤，道瓊一天跌了 508 點，跌幅高達 23%，創美國歷史之最。那天我到曼哈頓上英文課，看見街上電視螢幕新聞報導，才知道股市重挫，心想不知哈教授是否把我這筆錢全數進場？如果沒有，倒是好時機。

那時我經驗有限，但直覺認為這麼大的跌幅應該是一個契

小辭典
賣權（Put Option）

賣權為賣出的權利，買方付了權利金後，在到期日或到期前用約定好的價格，向賣方賣出標的物的權利。假設星巴克咖啡現在股價 88 美元，老王判斷星巴克股價不會低於 80 美元，老王可以做賣權的賣方，萬一到期時星巴克跌到 75 美元，老王還是得用 80 美元買回你的股票。

就像保險公司跟你簽的合約，在彼此同意的條件下，發生事情保險公司必須理賠，但你必須支付保費，你就像是買了賣權（花錢買保障），保險公司則是賣方，收你保費。保障到期，你沒有發生事情，你的保費就白付了。

機點，想了解幫我操作的哈博士接下來對股市的看法和做法，於是和他通了電話。

哈博士對股市後續發展非常悲觀，接著說，他在上星期五股市跌了 100 多點那天已有不祥預感，當天股市收盤之前買了保險——股票股權中的賣權（Put Option），但那時電話因占線癱瘓沒人接聽，全部啟動電話錄音，只能在電話答錄機留言下單，所以是否買到是一個未知數。過了幾天，收到對帳單，才知道買到了。

接下來我碰到更大的災難，諷刺的是，崩盤時沒有壓死我們，反而在風平浪靜時喝水嗆死了。怎麼說呢？崩盤前一天，哈教授預期股市會再下跌，買了股市下跌的保險單，所以損失有限，哈博士經此一役，更有信心，得意自己判斷神準，認為股市重挫後，會引發更多恐慌，短時間難以恢復，經濟會長期低迷，於是把全數資金持續購買看跌的賣權，由於賣權有期限，如果方向判斷錯就全盤皆輸。

眾所周知，那次崩盤後不久就止跌回升，當年股市年底收盤還略有小漲，到了 1988 年 6 月，股市收回失土漲回原點，反彈幅度達到 23%，股市擺脫陰霾時，卻是我財務陷入困境日。8 萬美元幾乎全部給哈博士玩光了，1987 年時的 8 萬美元很值錢，當時一學期學費也不過 2,000 美元。

1987 年研究所畢業，是我人生的一個起點，我卻背負了 8

萬美元債務，屁股上寫了兩個大字「負債」。更慘的是，屋漏偏逢連夜雨，1988 年內人因醫生誤診，動了一個不該動的手術，造成腹膜炎導致流產，這是可以喪命的急症。別人在產房，做先生的抱起會哭叫的新生命時，內心是充滿喜悅；但醫生抱給我的卻是胎死腹中的女嬰，那場景至今不能遺忘，內人在醫院裡度過了相當長的危險期。

接二連三的打擊

我那時的保險經紀人工作，沒業績就沒收入，要命的是破船又迎頂頭風，我和學弟集資 2 萬美元做為貨物押金，幫清潔公司送貨賺取車馬費，為防止受騙，還請擔任圖書管理員的美國朋友查證該公司，「還好，8 年來只有幾次輕微的客戶投訴，沒重大違規。」但 2 萬美元一匯去，公司就倒閉了。

至今我還記得，那個業務代表和我在紐約紐華克機場的某家旅館碰面。當年郭台銘來美國開發業務，印象中就是住在紐華克機場附近的旅館，買方週五提早下班，要郭台銘下週一來，多出了住宿預算，所以他每天 2 個漢堡充飢，不過終究拿到了訂單，從紐華克飛回台灣那一刻起，開始了他人生展翅高飛的起航。我卻是在紐華克開始人生的重摔，回想簽約後業務催促交款的情形，其實他已經知道公司出了狀況，但為了佣金，我被他犧牲掉了。

那陣子，幾次留連 Kmart 超市的槍枝部門，有報復那位業務的一絲念頭，覺得已經夠慘了，還要被他落井下石，拿走最後一點的保命錢。每當報復念頭興起時，就勸自己「千金之子，不死於盜賊之手。」那時的諸多掙扎，所幸理智占了上風，要不各位也看不到我今天的故事了，可能看到的是當年的新聞標題「我國留學生在美槍殺美國業務代表」。

把法院破產的判決告訴學弟時，電話一端傳來他心碎的聲音，他說，那可是他的學費。學弟願意合夥是對我的信任，雖然當時約定盈虧均分，但我那時的狀況已是死豬不怕滾水燙，我吸了一口氣，在電話中告訴他，他的虧損由我負擔，可是我手邊現在沒錢，只能等有業績再逐步還他。接下來的日子，我幾百、幾百美元的攤還，每一次他來取款，都請他簽名、押上日期。

那張收據後來搬家不見了，我很想再看看當年的紀錄——我在那麼困難的時候，還想到了別人，我覺得那是一個可以給我安慰，並且激勵自己永遠不可以失望、放棄的紀念，可惜找不到了。到現在我都很感謝當年讓我做成生意的一些客戶，學弟也很感謝我的兩肋插刀，只是當時的刀痕是不是多了一點？

哈博士為何慘摔？股市有沒有專業？

哈博士當年有 3 項完美的學經歷：哈佛的博士、自稱有 20

年投資經驗、他曾發表的論文，是當年證券分析師 CFA 考試指定閱讀教材之一，卻還讓我摔得這麼慘。在哪裡跌倒，試著從哪裡爬起，我開始思考，為什麼股市是這樣？很少有一種行業和一門學問，是在這麼完美的學經歷下，還會犯如此極端的錯誤，若股市投資是一門語言，對哈博士來講，恐怕是一門外語，他還沒有抓到股市這門語言神韻之處。

那陣子我開始試著了解股市投資，無數個晚上，我坐在學校圖書館的地毯上，因為不知如何著手，只好一本本的翻閱，但相當失望，那些博士論文艱深的數學方程式，有看但沒有懂，沒有方向，又沒有人指引，心情是低落的，所幸有位猶太同事，得知我在尋找股市的書籍，告訴我，就在我住的紐華克有個不錯的商業圖書館，我不抱任何希望地走入，卻意外發現許多值得閱讀的書籍。

美國開架式的陳列方式，讓我有機會非常飢渴地翻閱每一本書，多少個飄雪的夜晚，我經常讀到深夜方止。可惜當時沒人能給指引，但優點也是在此，讓我沒有門派之見，反而容易接受各家學派的論點，每個學派能成立，一定有其道理、背景和適用的地方。

2014 年 2 月路透社採訪我，記者也好奇問，我怎麼做到在 1 月時成為美國大型基金唯一獲利的基金，而且過去 5 年的年複利不但領先標普 500，還領先相當大的幅度，我談了一下我

的心得，事後看到他英文採訪的副標題 style shift，中文意思是操作模式和風格的轉變。文章提到，當我覺得市場轉向氣氛逐漸成熟時，我會毫不猶豫地在投資風格上做改變，可能從價值型的操作進入成長型，甚至再轉變到動能。

基本分析和技術分析，對有些投資人涇渭分明，互不認同，對我而言已是一個融合的工具，就像崑崙派的刀法不適合時，用少林派的棍棒我一樣可以施展，如果一開始我就進入了某一個學派，很可能沒有那麼寬廣的思維和接受度，去看待不同的投資風格。

股市因環境改變，會出現不同投資機會，當然絕大部分時間，我還是價值學派的思維方式，但搭配其他操作風格，這對我來說一點都不困難，這個雜派的基礎，要歸功於當年沒人指引的困頓學習環境。

Part 1

看透市場本質
打造你的賺錢分身

別讓錯誤認知，成為你不敢投資股市的障礙。

1-1

◤ 噢，原來你也在問相同的問題！

張愛玲在《愛》小說中有句名言：「於千萬人之中遇見你所遇見的人，於千萬年之中，時間的無涯的荒野裡，沒有早一步，也沒有晚一步，剛巧趕上了，也沒有別的話可說，惟有輕輕地問一聲：『噢，你也在這裡嗎？』」

這麼一句話，看似平淡，卻又出奇的把緣分做了貼切、淋漓盡致的表達，這是張愛玲的功力和她的表達手法。其實這句話也是我工作上經常碰到的場景寫照，每一個來我辦公室諮詢的客戶、朋友，不管是帶著自信的眼神或欲言又止的語氣，都會關心問道：「未來的投資報酬如何？」、「有多大的風險？」

每當聽到這些問題時，我腦海裡有個回應：「噢，原來你也在問相同的問題！」

風險、報酬高低取決於觀念

不管是收入豐厚的專業人士、商場上身經百戰的企業主，或是辛苦的上班族，這是他們想要豎起耳朵專注聽解答的提

問，而投資管理中的布局和規劃，就是因為這兩個問題而起，成功和失敗的結局，也和對這兩個問題是否有清楚的認知、正確的落實方法有密切關係。

　　姻緣的開始非常奇妙，可遇不可求，但要修成正果，執子之手白頭偕老，絕對要用心經營、用對方法，不然日常生活中的開門 7 件事、金錢的支配、小孩的教育，碰到工作困難及各種問題的調適，沒有正確的態度和得體的處理，都會讓佳偶變成怨偶，最終無法走下去，變成了有「緣」卻無「分」。

　　所以光有「緣」的開始，若不懂得經營，是件十分可惜的事，投資理財的世界也是如此，想要透過理財獲得財務自由，起心動念是美麗的，但不懂得經營和管理，結果可能是哀愁的。雖然愛情緣分的來臨，你無法預見，但幸福婚姻可以透過用心、學習和經營得來，這與投資成敗有許多發展脈絡相通，投資成果也可以透過用心、學習和經營得來。

　　基本上，「未來報酬」和選擇的投資工具及管理有關，「有多大的風險」則與投資人心理承受度及財務條件有關，這兩個問題看似簡單，要說清楚就不那麼簡單。

　　許多人沒有接受理財教育前，是根據過去的經驗做判斷，這種直覺反映出來的決策很重要，可以看出其內心想法和個性，我們常說本性難移，這種原始的認知，是有經驗的投資管理者必須尊重、了解和注意的，因為它反映出投資人第一個想

法，以及他的投資風險承受能力。

　　用心的專業投資管理者，應進一步帶領投資人有登高望遠的視野，拓展投資人的寬度和深度，讓他進入第二個層面，例如更清楚地了解投資世界過去的歷史，未來可能的變化，以及在人生不同階段，應選擇不同的投資工具、適度地承受風險，以因應未來的衝擊。簡單的說，了解過去的歷史和進一步的理財教育，常有助於投資人找到真正符合他需求的投資工具和風險承受範圍。

3 個提問重新反思理財觀念

　　通常關心風險，意味著想知道投資安全性如何？而多數投資人都同意風險與安全存在著相關性，因此我會反問提問者 3 個問題：

　　第一，「所謂的安全，意味著可以接受市場短期波動，但長期本金不可以損失，對嗎？」多數人都會有這樣的期望。

　　接著我再問：「長期購買力下降的風險，你關心嗎？」幾乎每一個人一定都會點頭表示同意。

　　第三個問題是：「短期價格波動的風險與長期購買力的風險，你更關心何者？」

　　上面 3 個提問，是想開啟投資人以往可能沒有思考過的問題，如果未經思考而錯用投資工具，也就不足為奇。想達到長

期的理財目標，卻用短期的投資工具來應對，結局當然往往不理想，就如同美東到美西，北京到上海，台北到台東，搭飛機若遇到空難，倖存的機會最小，走路最安全，可是多數人不會選擇用步行的方式，因為緩不濟急。

　　搭機或走路的選擇很少人會做錯，但在投資世界裡，錯用工具的比比皆是，遺憾的是，發現這樣的錯誤時，許多人可以修正的時間早已流失，在下面的章節裡，讓我說一個故事，你就更能明瞭：為什麼你的退休金不到別人一半？

1-2

▼ 為什麼你的退休金不到別人一半？

讓我用老張、老王兩家人，在不同時空背景下的例子跟大家說明，不同的理財規畫、對產品的認識及觀念差別，會造成怎麼不一樣的結果。其中，這故事人物是虛構的，但所使用的數據是真實的。

1959 年時，老王和老張兩對夫婦覺得辛苦了大半輩子，決定提早退休頤養天年，於是變賣資產，付清了其他負債。巧的是，兩個家庭都有 10 萬美元餘款，決定透過理財，增加資產效益，但兩家人選擇的投資工具不同，老王選定的是 30 年期美國政府公債，老張則使用美國標普 500（S&P 500）的指數基金。

老王：穩健獲利卻先甘後苦

王太太告訴老王，這筆錢的投資一定要安全，最好是能有保證的，老王心想，依照這個原則，定期存款（CDs）或公債（Bond），是最符合的了。

當時，銀行提供的利息大概 3% 左右，高品質的公司債（Corporate Bond）利息也不過略高於 3%，但老王實在夠幸運，竟然找到了利率 8%、30 年到期的公債投資，這好比是現在找到了利率 13%、30 年到期的公債。

老王購買的公債屬於固定收入型的投資（Fixed-Income），特性是一旦簽約購買，在這段時間內利率就固定（利率每一天都在變動），所以在這 30 年中，老王每年都會領到 8,000 美元的保證利息（10 萬美元 ×8%），而且到期時，可領回當初投入的本金 10 萬美元。

老王心想，該是時候了卻多年的一個心願了，那就是擁

老王購買 30 年期公債，每年領回 8,000 美元 (圖1-1)

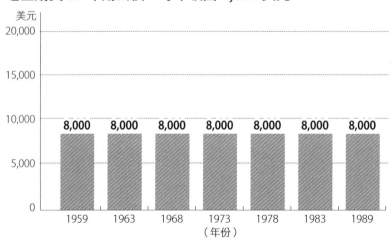

看透市場本質 打造你的賺錢分身

有一部凱迪拉克（Cadillac）車子，那時車價是 5,455 美元，老王用第一年所領的利息 8,000 美元，付得輕輕鬆鬆，開著這部車子，老兩口徜徉湖光山色，老王滿意極了目前的收入和退休生活。

然而，不幸的事發生了，老王的車子奔馳多年後，終於進了廢車場，老王夫婦一點都不擔心，因為利息馬上就要到手了。老王夫婦已經熟悉凱迪拉克的設計和性能，所以兩人一致決定，還是再買同一種牌子。

第二天，兩人興勾勾的出門，卻垂頭喪氣地只開了一部福斯（Volkswagen）的小車回來，因為老王的 8,000 美元利息經過多年的通貨膨脹後，連付一半凱迪拉克的車款都不夠，老王夫婦實在不能理解，這世界為什麼變得這麼快，快得他們都跟不上，老王說：「看來以前拉風的日子已經過去了。」當年看起來安全又穩當的投資，此刻卻讓他們陷入了經濟上的難題。

老張：30 年資產大翻身

再來看看老張夫婦的遭遇可就完全不同了。老張認為投資注重安全極為重要，但是未來的購買力也要能跟得上時代，要不然日子會愈過愈差，連給孫子們買玩具的錢都沒有，說不定得靠兒子、媳婦的經濟支援養老，老張認為這樣就有失提前退休的原意。

有了這樣的目標，老張把錢投資在美國標普 500 的指數基金，除了第一年從本金提領 3% 外，第二年起每年從前一年度年底時投資帳戶總額提領 3% 使用（投資帳戶總額＝本金＋當年度股利），這個決定讓老王取笑了好幾年，怎麼說呢？因老張第一年只領到 3,000 美元（這與老王是不同形態的投資，債券利率和股利率是不同概念，公債領取的是固定利息，股票則是根據當年度獲利發放股利，且老張本金會隨股市漲跌增減），這筆錢只夠老張夫婦買一部新的雪佛蘭（Chevrolet）。

　　為此，張太太還埋怨了老張好一陣子，每年收到支票就要

老張投資標普 500 指數基金，每年提領 3% 帳戶金額 (圖 1-2)

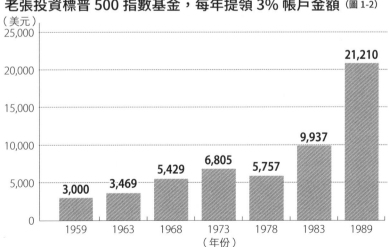

囉嗦老張一頓，而且懷疑這個決定是不是錯了。老張很有耐心地說：「太太，相信我，這個投資決定，不會比你嫁給我所做的決定來得冒險。我做過研究，因為物價上漲會侵蝕我們的財富和購買力，股票是一個比較有效的保值方法之一，而且，透過美股的指數基金操作，風險可以降低。」

老張認為，股票投資，投資者就是股東，只是大股東和小股東的區別，但都可以享受到公司成長的獲利（當然也可能有虧損），但整體而言，不像公債或定期存款，只能領取固定利息，公司賺錢了，公債的擁有者也分不到盈餘，因為他們只是借錢給公司或政府，拿點利息罷了！短期投資還可以，長期而言，不是一個很理想的做法。

既然是投資，總要給點時間，不是今天投資，明天就會變成百萬富翁，那種方法，以前叫「投機」，現在就叫「飆」！老張覺得投資要的是穩紮穩打，給一點時間，再來印證投資結果。

後來，老王車子壞了的同時，老張的車子也壞了，老兩口決定買部新車，老張心想：光是 1989 年的股利，就有 21,210 美元（見圖 1-2），相當於當年 10 萬美元的 21%，應該有能力給老伴買部多年來她想要的凱迪拉克，以便印證老王夫婦口中的這種好車，結果老張花了 22,975 美元買下了新車，只從腰包多掏了 1,765 美元。

張太太靠在舒適的椅背，望著窗外蔚藍的天空，和風徐來，心情舒暢，一時興起，拿起了資料，盤算了 30 年來的投資獲利，令她大吃一驚的是，這 30 年，光是她提領的金額就已高達 23.56 萬美元，而帳戶總額還有 88.38 萬美元，也就是當年的 10 萬美元本金，已增值到近 112 萬美元；而老王夫婦這 30 年所領的總和不過 34 萬美元（見表 1-1），老王退休金還不到老張的一半。

　　老王難過的說：「30 年前的 10 萬美元是多麼值錢啊！現在的 10 萬美元，老兩口能過幾個殘冬呢？」

老王、老張 30 年投資結果 (表1-1)

1959 年開始 30 年	老王	老張
原有存款	10 萬美元	10 萬美元
採用方案	30 年期公債、利率 8%	追蹤標普 500 的指數基金
成果（總價值）	34 萬美元	111.94 萬美元
說明	1. 領到的利息總額為 24 萬美元（8,000×30 年） 2. 30 年到期拿回本金 10 萬美元 3. 總價值 34 萬美元（利息總收入 24 萬＋本金 10 萬）	1. 提領金額為 23.56 萬美元（來自股利和股價成長） 2. 30 年後帳戶餘額 88.38 萬美元 3. 帳戶總價值為 111.94 萬美元（提領金額 23.56 萬＋帳戶金額 88.38 萬）

價格波動並非投資唯一風險

上面兩個故事，透露的訊息和觀念，我整理如下，做為參考：

（1）短期內要動用的錢，或不能承受任何虧損的投資，定期存款是一個比較安全的做法。

（2）可以承受風險或者中長期以上才可能動用的錢，股票投資應該列入考慮。

（3）股票特性之一，短期而言，就是價格波動要比公債及定期存款來得大，但中長期而言，整體股市必定往成長的方向發展。中長期的投資，不要因為短期的價格波動，而不敢接近股市。

（4）從我工作上的接觸，我發現有許多朋友，錯把自己所買的公債基金當成股票基金，這是兩個截然不同性質的商品，投資前有必要確切了解自己購買的商品特性。

（5）美國退休帳戶（IRA 或 401K），在正常情形下，59 歲半以後才可動用，從年輕到退休有很長的投資時間，最好是以股票或至少一部分股票，作為投資工具。

美國居民有所謂的個人退休帳戶 IRA 或公司提供的 401K 退休帳戶，資金可投資股市，最大的好處是這筆金額可免扣所得稅，且在股市獲利也可暫不繳稅，遞延到退休領取時再繳，所以有兩項福利——延稅和節稅，可惜台灣並沒有這樣的設

計，允許個人可以有退休帳戶投資股市，所以必須讓合法的節稅規畫和個人投資分開進行。

（6）有數不清的投資人不分情形，將錢全擺在銀行裡，但別忘了，銀行是儲蓄的地方，而不是投資場所。

（7）投資股票大約有兩種方式：買進個股（Individual Stock）、買進共同基金（Mutual Fund）或指數股票型基金（ETF）。嚴格講，選股是困難度相當高的工作，許多人玩了多年的個別股票，依然沒賺到錢，而績優的股票型基金或足以代表市場的 ETF（並非所有 ETF 都是穩健的），則是比較穩健的投資工具，值得好好利用。

（8）「安全」的投資，並不意味著投資結果一定有保障，安全指的是風險承受要適度，過少或過多，都不會有好的投資效果。

（9）「風險」這兩個字，在財務世界裡，應該是個中性的字眼。沒有一項產品能夠免除風險，人走在路上有被車撞的危險；錢放在銀行，有變薄的風險；錢放在股票有價格波動、甚至虧損的風險。

（10）老王夫婦最大的錯誤，就是錯把利息的「保證」當作是安全的投資，而忽略固定收入型的投資，如定期存款，只有利息收入，沒有資金的成長，或公債有利息收入和資金成長（當利率下降時），但長期以來擊敗通貨膨脹的效果有限，錢

變薄的情形之下，無法有效應對購買力降低的風險。

　　所以，對股票投資有恐懼或不以為然的朋友，應該重新考慮把股票列入投資組合。對風險承受力低的人也不必擔心，資產配置可以解決大部分投資人關心的問題。

 小辭典
理財常見名詞

公債

　　指政府或公司為籌措資金，憑其信譽按一定程序向投資人出具承諾，在一定時期支付利息、到期償還本金的一種格式化的債權債務憑證。

指數股票型基金（ETF）

　　是一種在證券市場上市、交易的開放式證券投資基金產品，交易手續與股票完全相同。ETF 管理的資產是一籃子股票組合，這一組合中的股票種類複製了某一特定指數，本質像基金，但交易方式卻像股票，所以英文名稱是「在交易所買賣的基金」。

標普 500 指數（S&P 500）

　　標普 500 指數是採用美國 500 家大型上市公司市值加權產生的指數，美國追蹤且複製標普 500 的基金和 ETF 很多，其中，ETF 管理費大約在 0.15% ～ 0.35%，比一般共同基金的管理費 1% ～ 1.5% 相對低廉。

此外，還有著名的道瓊工業指數，成分股包含 30 家大型上市公司。原則上標普 500 或道瓊沒有利息收入，發放的是股利，每家公司決定的股利高低不同，比率不定，例如蘋果公司直到 2012 年前，長達 20 幾年沒發放股利。

　　道瓊和標普在不同年代發放不同比率的股利，例如道瓊 1980 年約有 4% 股利水準，2000 年後大約維持在 2% ～ 3%，股利率不固定，台灣許多績優公司比美國發放的股利還高，大約在 4% ～ 6%。

通貨膨脹

　　指一般物價水準在某一時期，連續性地呈現上漲的狀態。

共同基金

　　共同基金指的是投資人將自己的資金，交給專業機構操作管理，由基金管理者替投資人獲取利潤的一種投資工具，依投資標的可分為股票型基金、債券型基金、股債混合型基金、貨幣市場基金……，近年基金種類愈來愈多元化。

看透市場本質 打造你的賺錢分身

1-3

◤ 同樣的投資理念，適用不同時代？

或許你會有個疑問，老張、老王的例子發生於 1959 年（稱之為第一代老張和老王），各自投資兩種不同投資工具，老王為了「短期資金不受波動與本金的安全」，選擇了 30 年期公債；老張關心的是「長期購買力的保值」，選擇了美國標普 500 的指數基金。

30 年後，兩家人的資產有了巨大差距，老張 30 年後的資金成長比老王多了 3 倍，這種投資結果是一時的，還是一個長期趨勢？

第二代老王、老張的故事

我們同樣再以老王、老張做驗證，這兩位第二代鄰居，從 1970 年開始，時間比第一代縮短，以 20 年來做對比，兩對夫妻都以 20 萬美元開始，老王夫婦還是很幸運，找到了年利率 8% 的 20 年期公債，老張投資標的同樣是標普 500 的指數基金，這一次，老張改變做法，提出的金額加大，從第一代的 3% 提

高到每一年領取 5% 的帳戶金額。

20 年下來，老王這段期間一共領取了 32 萬美元（20 萬
×8%×20 年），公債到期後拿回 20 萬美元本金；老張這 20 年
期間，一共領到 282,981 美元（來自股利和股票成長總合的
5%），20 年後老張的帳戶仍有 702,284 美元（見表 1-2、1-3），
兩對夫婦 20 年間領取的錢，老王比老張多領了 37,019 美元，
但老張所持有的標普 500 指數基金，隨著美國經濟成長，20 年
下來總資產比老王多出近 1 倍，也就是多了近 465,265 美元。

有些基金公司為了凸顯股票和公債獲利的差異，可能會選

第二代老王、老張 20 年投資結果 (表 1-2)

1970 年開始 20 年	老王	老張
原有存款	20 萬美元	20 萬美元
採用方案	20 年期公債、利率 8%	標普 500 指數基金
成果（總價值）	52 萬美元	985,265 美元
說明	1. 領到的利息總額為 32 萬美元（16,000×20 年） 2. 20 年到期拿回本金 20 萬美元 3. 帳戶總價值為 52 萬美元（利息總收入 32 萬＋本金 20 萬）	1. 提領金額為 282,981 美元（來自股利和股價成長） 2. 20 年後帳戶餘額 702,284 美元 3. 帳戶總價值為 985,265 美元（提領金額 282,981 ＋帳戶金額 702,284）

第二代老王、老張 20 年投資對比 (表 1-3)

單位：美元

年份	老王夫婦（債券）			老張夫婦（股票）			
	年利率	利息收入	本金	年報酬率	帳戶金額	取款 5%	年底金額
1970	8.00%	16,000		4.01%	208,020	10,000	198,020
1971	8.00%	16,000		14.31%	226,357	9,901	216,456
1972	8.00%	16,000		18.98%	257,539	10,823	246,716
1973	8.00%	16,000		-14.66%	210,548	12,336	198,212
1974	8.00%	16,000		-26.47%	145,745	9,911	135,835
1975	8.00%	16,000		37.20%	186,365	6,792	179,573
1976	8.00%	16,000		23.84%	222,383	8,979	213,405
1977	8.00%	16,000		-7.18%	198,082	10,670	187,412
1978	8.00%	16,000		6.56%	199,706	9,371	190,336
1979	8.00%	16,000		18.44%	225,434	9,517	215,917
1980	8.00%	16,000		32.42%	285,917	10,796	275,121
1981	8.00%	16,000		-4.91%	261,613	13,756	247,857
1982	8.00%	16,000		21.41%	300,923	12,393	288,530
1983	8.00%	16,000		22.51%	353,478	14,427	339,052
1984	8.00%	16,000		6.27%	360,310	16,953	343,358
1985	8.00%	16,000		32.16%	453,781	17,168	436,614
1986	8.00%	16,000		18.47%	517,256	21,831	495,425
1987	8.00%	16,000		5.23%	521,336	24,771	496,565
1988	8.00%	16,000		16.81%	580,037	24,828	555,209
1989	8.00%	16,000		31.49%	730,045	27,760	702,284
合計		320,000	200,000	合計		282,981	702,284
總計		520,000		總計			985,265

石油危機

說明：1973 ～ 1974 年的石油危機，使老張帳戶因劇烈震盪虧損。

阿甘投資法

擇石油危機過後的 1975 年開始對比，在那種情況之下，老張成長的幅度極為明顯，幾乎領先老王 5 倍，但為什麼我們選用 1970 年做為測試的起點？

因為 1973 ～ 1974 年石油危機，使美股重挫超過 40%（這是指年度累計報酬，如果是從最高點算到低點則跌幅更重），用股災做為測試股市是否為一個值得的投資，是我們覺得比較客觀的檢驗期間，避免過高的預期（股災發生後低點買進，會拉高獲利）。

本書特別關注在重大股災的情況下，這種投資理念是否依然適用，結果發現，第二代老張投資股票的成績，仍然優於老王投資的公債，雖然沒有像第一代兩者差距 3 倍之多，這樣的成績也是相當出色。

不能接受 50% 跌幅該遠離股市

表 1-3 中有些數據提醒，如 1974 年，老張的帳戶金額從 210,548 美元下跌到 145,745 美元，20 年後回頭看成績是優秀的，所以你不會覺得驚慌，但如果在當時，這麼重的跌幅，而且大家手上也沒有水晶球，不知 1975 年標普 500 會有一個 37% 的大反彈，在前一年本金損失了 30% 的情況下，許多人可能就沒有了信心，認賠出場，那就不會有後面亮麗的成績。

這也是我一再強調的，股票市場最大的缺點就是劇烈波

動，會讓許多人在**轉彎點**提前出場。

　　巴菲特的第一投資定律是不要**虧損**，第二投資定律是不要忘記前面第一項，以他這麼謹慎的性格和投資方式，他都還說到，如果在股票市場，你不能接受下跌 50% 的震盪，你其實不應該進股市，而過去的股災，短期確實都有達到這樣的跌幅。

　　如果上述這樣的跌幅你不能承受，那麼老張這種投資模式就不適合你，適合你的則是資產配置，依然可以參與股市，但是股票持有比例和投資方式要做一些修正。

1-4

◤ 禁得起股災考驗的投資方法

　　好的投資理念，不是在太平盛世或風平浪靜時才行得通，最重要的測試點其實是在股災來臨時，而且最好是重大的股災。第二代的老張經過石油危機的測試過關，隨著時間推移，第三代老張面臨最大的考驗，也就是多數人都還記憶猶新的2000年高科技泡沫，以及2008年突如其來的金融海嘯，第三代老張能禁得起這麼殘酷的2次重大考驗嗎？如果可以，這個投資理念，絕對值得你注意，我們往下看。

　　第三代老王從1994年開始，由於利率下降，只能找到6.48%的20年期政府公債，但第三代的老王還是滿意每一年有12,960美元利息的安全固定收入（20萬美元×6.48%）。

　　至於老張投資的仍是追蹤美股標普500的指數基金，這期間標普500的股利約在2%～3%左右，老張也在1994年同一天投資了20萬美元，每年領取帳戶資產的5%做為生活開支，比率是固定的，領回金額不固定，隨著每年年底帳戶成績的高低而變動。

例如 1994 年領取 1 萬美元（20 萬美元 × 5%），第二年起，提領前一年度年底帳戶金額的 5%，1998 年因標普 500 指數上升，5% 金額可以領取 19,330 美元；因高科技泡沫，2003 年領取的金額下降為 14,426 美元，但金融海嘯過後的 2013 年，可以領取的金額又回升到 17,563 美元，隨著標普 500 指數成長及股利增加，老張這 20 年一共從帳戶領出了 350,614 美元，帳戶餘額 447,470 美元（見表 1-4、1-5）。

歷經 2000 年高科技泡沫及 2008 年金融海嘯 2 次股災的老張，依然交出比老王退休金多 73% 的成績。

第三代老王、老張 20 年投資結果 (表 1-4)

1994 年開始 20 年	老王	老張
原有存款	20 萬美元	20 萬美元
採用方案	20 年期公債、利率 6.48%	標普 500 指數基金
成果（總價值）	459,200 美元	798,084 美元
說明	1. 領到的利息總額為 259,200 美元（12,960× 20 年） 2. 20 年到期拿回本金 20 萬美元 3. 帳戶總價值為 459,200 美元（利息總收入 259,200 ＋本金 20 萬）	1. 提領金額為 350,614 美元（來自股利和股價成長） 2. 20 年後帳戶餘額 447,470 美元 3. 帳戶總價值為 798,084 美元（提領金額 350,614 ＋帳戶金額 447,470）

第三代老王、老張 20 年投資對比 (表1-5)

單位：美元

年份	老王夫婦（債券）			老張夫婦（股票）			
	年利率	利息收入	本金	年報酬率	帳戶金額	取款 5%	年底金額
1994	6.48%	12,960		1.31%	202,620	10,000	192,620
1995	6.48%	12,960		37.43%	264,718	9,631	255,087
1996	6.48%	12,960		23.07%	313,935	12,754	301,181
1997	6.48%	12,960		33.36%	401,655	15,059	386,596
1998	6.48%	12,960		28.58%	497,085	19,330	477,755
1999	6.48%	12,960		21.04%	578,275	23,888	554,387
2000	6.48%	12,960		-9.11%	503,882	27,719	476,163
2001	6.48%	12,960		-11.88%	419,595	23,808	395,787
2002	6.48%	12,960		-22.10%	308,318	19,789	288,528
2003	6.48%	12,960		28.68%	371,292	14,426	356,865
2004	6.48%	12,960		10.88%	395,692	17,843	377,849
2005	6.48%	12,960		4.91%	396,401	18,892	377,509
2006	6.48%	12,960		15.79%	437,117	18,875	418,242
2007	6.48%	12,960		5.49%	441,203	20,912	420,291
2008	6.48%	12,960		-37.00%	264,784	21,015	243,769
2009	6.48%	12,960		26.46%	308,270	12,188	296,082
2010	6.48%	12,960		15.06%	340,672	14,804	325,868
2011	6.48%	12,960		2.11%	332,743	16,293	316,450
2012	6.48%	12,960		16.00%	367,082	15,823	351,260
2013	6.48%	12,960		32.39%	465,033	17,563	447,470
合計		259,200	200,000	合計		350,614	447,470
總計		459,200		總計		798,084	

科技泡沫（2000-2002 框線區）

金融海嘯（2008 框線區）

說明：2 次世紀性股災（框線區），你是逢低加碼還是被「甩」出場？

看透市場本質 打造你的賺錢分身

先讓我們看看前後三代老王的成效，這三代老王做決定的那一剎那，他們的觀點都一致：本金不能損失，且有一個不錯的利息收入，但這個看似安全、每年有固定收益的投資，卻暗藏兩大風險。

固定領息暗藏兩大風險

第一，通貨膨脹有侵蝕購買力的隱憂。20 年前，老王在 1994 年得到的 12,960 美元利息能購買的東西，經過通貨膨脹，造成購買力下跌，20 年後也就是 2013 年，同樣的東西必須用 20,715 美元才能買到（反映通貨膨脹後的相同購買力）。

第二，更令人擔心的是，這些年美國 20 年期政府公債的利率節節下降，2013 年結束之後，老王如果還想續約下一個 20 年期美國政府公債，2013 年的市場環境下，只能找到利率 3.72% 的商品，也就是重新購買的政府公債利息減少了，每年得到的利息只有 7,440 美元（20 萬美元 × 3.72%），比 20 前的 12,960 美元下降許多。

老王確實被保證收得到利息，且本金到期歸還，但與 20 年前相比，不但利息收入損失了 42%，再加上通貨膨脹造成幣值購買力下降 37%，這兩個雙重打擊，使得當年看起來萬無一失的安全投資，一點也不安全。

老張夫婦可以笑開懷，主要是做對了投資決策，老張夫婦

了解投資股票會面臨上下劇烈震盪，特別是美國還經歷了 2 次股災：2000～2002 年高科技泡沫股市重挫 50%、納斯達克狂瀉 78%；2008 年金融海嘯為百年罕見，標普 500 指數再度重挫 50%，來看看這 10 年遭遇 2 次超級風暴的過程。

2000～2009 年間美股幾乎沒有成長，所以老張這段期間帳戶幾乎停滯不動（見表 1-5），相對於老王每年不管股市是否有波動，都收取 6.48% 的利息，看起來老王的投資報酬會較高，但其實不然，時間一拉長到 20 年，很明顯看到，從第一代到第三代的老張，投資成績都優於老王的公債表現。

長期投資股票報酬最高

為什麼老張從第一代到第三代的投資績效都優於老王呢？因為過去美國 200 年的歷史紀錄一再顯示，經濟發展會推升股市攀升，可以說在美國股市，投資人享受了經濟成長的獲利，這才是參與股市的真正意義。

投資美股，短期間也可能會產生虧損，例如 2000～2009 年這段美國失落的 10 年，就是一個非常黯淡的投資期，如果沒有一個較高的視野以及對股市歷史的了解，許多投資人就會在轉彎的關鍵時刻，被股市的震盪給甩了出去，也就無法修成正果。

表 1-5 所標示的框線部分，是 2 次重大股災大幅震盪的結

果，事過境遷再回頭看，最終得到好成績，然而在股災的當下，絕對有許多人看不到曙光而在低點殺出，這是因為不了解股票市場的特性，投資人應該自我評估最恰當的風險承受能力。如果沒有專家協助，請利用書中投資對比的計算表，從帳戶金額的變動可以幫助你了解股災震盪時，資金起伏的程度。

如果這 2 次股災的金額損失超過自己的承受能力，那麼再好的投資成果也無法享受，這時應該考慮資產配置這種波動風險較小的投資方式。

2000 ～ 2014 年，這 15 年碰到公債大多頭，相反的，是美股大空頭，看起來第三代老王應該有機會獲勝，這也是這幾年公債市場受到矚目、較多人參與投資的原因之一，但正因如此，從長遠角度來看，反而更應該注意鐘擺理論的現象（見後面章節），也就是任何投資最終都要回到歷史平均合理範圍。

再版時的 2020 年，我們回測了過去 20 年股票和公債的投資對比，呈現在下一章節的表 1-6 和 1-7。結果將會看到股票長期的成長性，這當中股票的投資績效或許因股災而中斷，但歷史紀錄顯示，投資超過 30 年以上，很少有其他投資工具績效可以超越股票。

以上是用公債和股票對比的例子來做說明，但千萬不要誤解，以為公債是不好的投資工具，如果懂得搭配和運用公債，不但可以降低投資組合的波動風險，如果還能在關鍵時機做一

些調整，公債可以發揮後援部隊奇襲的功效。

退休族也該適度投資股票

　　用這麼極端的兩個不同工具做對比，一方面在提醒，任何年齡的退休族，都不應「只有」固定收益型的投資工具，例如定存、公債等，除非本身資產已經夠龐大，只有微薄的利息也足夠支付各項開支。就算如此，適度和適量加入成長型的投資工具，例如房地產或股票，利用股債搭配做到穩定中有成長（畢竟要考慮物價膨脹造成的購買力下降），能避免因過度激烈的震盪而造成的投資卻步，不敢參與股市，就會喪失參與經濟成長的機會。

　　公債並不是一無是處，也有其美麗的地方和特性，如果能夠跟股票做混搭是一個很好的組合，這個就是資產配置的議題了。

　　台灣在固定收益方面的投資環境和產品完整性，不如美國，美國 2013 年底可以找到利率 3.72% 的 20 年期政府公債，而台灣知名公司所發行的 15 年期公司公債，利率大概在 2.15% 左右，固定收益的報酬率與美國有一個差距，讓我憂心和不捨的是，許多仰賴固定收益的退休族，該如何改善？

　　2020 年 3 月底，再版時這 5 年的變化，美國 20 年期政府公債利率，由 2013 年尾的 3.72%，下跌至 2020 年初的 2.07%，

3月在新冠肺炎的疫情影響下，再探底至 1.09%，如果考慮通貨膨脹，已經是所謂的負利率。

利率下跌，公債投資者是獲利的，這個地方初學者會產生困惑，原因是公債利率的收益雖然減少，但是公債的資本利得卻是增加，兩者加總，績效還是增加的，但公債到期再續約時，就未必能夠有更高的利率條件了。

受傷最重的，可能就是所謂的定存族了，台灣的定存金額龐大，令人咋舌，2014 年我寫第一本書時，國內定存大約台幣 20 兆元，2019 年寫第四本書時，定存到了 40 兆元。如果一個人擁有龐大的資金想做比公債更保守的定存，不會產生什麼退休金的問題，但如果一個人因欠缺理財觀念，將過多的資金停泊在定存，就是一個極大的理財危機，阿甘投資法和資產配置的運用，你需要關注和學習。

公債和定存這種固定收益型的工具，看起來「短期」收益安全，但長期都會面臨通貨膨脹，造成物價購買力下降的威脅和衝擊，所以短期安全，長期卻有隱憂，甚至危險，特別是定存。股票投資短期劇烈波動，看起來危險，長期反而安全，這個現象值得深入了解。

1-5

◤ 股災的危機應變，獲利大翻轉

關於第四代的老張老王數據演算，我們刻意選擇 2000 年開始，因為這是美國歷史上少數慘重的失落 10 年，就算加入了股利，這 10 年幾乎沒有成長，又碰到公債的大多頭，在這麼困難的情況下，看看股市投資是否禁得起考驗，也有特別的價值（多數人都聽過美國 1929 年開始的經濟大恐慌，事實上股票大跌是在 1930 ～ 1939 年，這是一個悲慘的 10 年，而 2000 ～ 2009 年情況完全類似，這 10 年股災相當嚴重）。

股債優勢大翻轉

老王在 2000 年找到的 20 年期公債利率是 6.86%，每年可以領到 13,720 美元利息（20 萬美元 ×6.86%），截至 2014 年 12 月 31 日，15 年期間一共拿了 205,800 美元利息，假設本金 20 萬美元如數領回沒有虧損，累計帳戶價值 405,800 美元。

經過 2 次重大股災受傷的老張，以每年領取 5% 帳戶金額計算，一共領回 101,852 美元，截至同樣時間點，帳戶金額是

175,457 美元（見表 1-6），累計帳戶價值 277,309 美元，這次老王在 20 年競賽中，暫時有一次領先的機會，但是球賽還沒結束，2015 ～ 2019 年公債還會持續領先嗎？接下來檢驗看看。（編注：改版前原書出版日為 2015 年，故績效計算至 2014 年，2015 ～ 2019 年為改版後補充資料。）

經過這 5 年變化，延伸到 2019 年可以看出股票投資，出現了一波成長。截至第一次出版時間的 2014 年，當時老王總資產是 405,800 美元，老張是 277,309 美元，兩者差距為 128,491 美元。

第四代老王、老張 15 年投資結果 (表 1-6)

2000 年 開始 15 年	老王	老張
原有存款	20 萬美元	20 萬美元
採用方案	15 年期公債、利率 6.86%	標普 500 指數基金
成果	405,800 美元	277,309 美元
說明	1. 截至 2014 年 12 月 31 日領到的利息總額為 205,800 美元（13,720×15 年） 2. 本金 20 萬美元如數領回 3. 帳戶總價值為（2014 年）405,800 美元（利息總收入 205,800 ＋本金 20 萬）	1. 提領金額為 101,852 美元 2. 截至 2014 年 12 月 31 日帳戶餘額 175,457 美元 3. 帳戶總價值為 277,309 美元（提領金額 101,852 ＋帳戶金額 175,457）

到了 2019 年，老王的總資產是 474,400 美元，老張是 389,075 美元（見表 1-7），兩者差距縮小到 85,325 美元。但 2020 年 3 月的疫情黑天鵝來襲，會讓差距改變，然而時間再延長，相信還是會繼續縮短差距，如果再安全點可以做策略調整，我們會在後續說明資產配置的方法。

第四代老張落後了老王的投資表現，因為 2000～2009 年是一個非常特殊的 10 年，就算老張投資的標普 500 指數基金短期未必優於公債，長期而言，股市的報酬還是大於公債，只是幅度的大小而已。

從第一代老張領先將近 3 倍，第二代領先 1.5 倍，第三代領先近 1 倍，這樣的成績來看，美股這種有成長性的投資工具，絕對有列入投資組合的必要。

至於比例多少？如何適時、適度、適量？因不同家庭狀況而有不同考量，使用得好，即可降低波動的震盪和投資風險，進而達到最適合個人的財務需求。

調整做法結果大翻轉

這代老張成績之所以落後老王，主要有幾個原因，一是兩個不同投資工具剛好處在相反的發展方向，老王的公債大多頭（漲勢），老張的股票大空頭（跌勢）；二是老張在這段受傷期間，不但不能得到新血資源的供應，虛弱的病體還要每年失血

第四代老王、老張 20 年投資對比 (表 1-7)

單位：美元

年份	老王夫婦（債券）			老張夫婦（股票）			
	年利率	利息收入	本金	年報酬率	帳戶金額	取款 5%	年底金額
2000	6.86%	13,720		-9.11%	181,780	10,000	171,780
2001	6.86%	13,720		-11.88%	151,373	8,589	142,784
2002	6.86%	13,720		-22.10%	111,228	7,139	104,089
2003	6.86%	13,720		28.68%	133,947	5,204	128,742
2004	6.86%	13,720		10.88%	142,749	6,437	136,312
2005	6.86%	13,720		4.91%	143,005	6,816	136,190
2006	6.86%	13,720		15.79%	157,694	6,809	150,885
2007	6.86%	13,720		5.49%	159,168	7,544	151,624
2008	6.86%	13,720		-37.00%	95,523	7,581	87,942
2009	6.86%	13,720		26.46%	111,211	4,397	106,814
2010	6.86%	13,720		15.06%	122,900	5,341	117,560
2011	6.86%	13,720		2.11%	120,040	5,878	114,162
2012	6.86%	13,720		16.00%	132,428	5,708	126,720
2013	6.86%	13,720		32.39%	167,765	6,336	161,429
2014	6.86%	13,720		13.69%	183,528	8,071	175,457
2015	6.86%	13,720		1.34%	177,808	8,773	169,035
2016	6.86%	13,720		11.80%	188,981	8,452	180,529
2017	6.86%	13,720		21.69%	219,686	9,026	210,660
2018	6.86%	13,720		-4.45%	201,285	10,533	190,752
2019	6.86%	13,720		31.29%	250,439	9,538	240,901
合計		274,400	200,000	合計		148,173	240,901
總計		474,400		總計		389,075	

（2000～2002 科技泡沫，2008～2009 金融海嘯）

抽出 5%。

　　如果老張在股災期間不急著用錢，或有別的帳戶可以先應付，再加上了解股市經常會在跌過頭後急速反彈的特性，老張只要做如下的調整，結果大不同（見表 1-8）。

　　第四代老張，如果不提款的話，投資結果就會改變，20 萬美元的投資額會變成 644,909 美元，對比原先的總額 389,075 美元多出 255,834 美元的績效，帳戶總價值再度超越老王的 474,400 美元。結果大翻轉。

　　等到股災過後或帳戶失血狀態停止時，每年再從帳戶領取 5% 金額，一旦蘋果樹長大，每年都有吃不完的果實，這樣的特殊應變，主要是考量 2000 ～ 2009 年這種美國百年罕見的 10 年 2 次重大股災。

　　再有一種情況是，每年還需要錢，非領不可，可以考慮降低比例，領取的資金減半，避免股災時抽取過多資金，造成帳戶可供投資的資金不足，影響了反彈的動能。這 2 種應變（暫緩取款或降低取款比例）都有助於改善投資績效，當然退休要動用的錢，不宜全部在股市裡，一開始做好資產配置，可以避免這種緊急狀況的發生，但真碰上了，上述的調整也能產生一個大不同的結果。

　　遇到百年罕見的股災時，投資策略略做調整，就可以打敗這十幾年來走大多頭、報酬極佳的公債，更不用說在太平盛世

股票帳戶暫停取款，績效大不同 (表 1-8)

單位：美元

年份	老王夫婦（債券）			老張夫婦（股票）			
	年利率	利息收入	本金	年報酬率	帳戶金額	不提領	年底金額
2000	6.86%	13,720		-9.11%	181,780	—	181,780
2001	6.86%	13,720		-11.88%	160,185	—	160,185
2002	6.86%	13,720		-22.10%	124,784	—	124,784
2003	6.86%	13,720		28.68%	160,577	—	160,577
2004	6.86%	13,720		10.88%	178,048	—	178,048
2005	6.86%	13,720		4.91%	186,790	—	186,790
2006	6.86%	13,720		15.79%	216,285	—	216,285
2007	6.86%	13,720		5.49%	228,159	—	228,159
2008	6.86%	13,720		-37.00%	143,740	—	143,740
2009	6.86%	13,720		26.46%	181,774	—	181,774
2010	6.86%	13,720		15.06%	209,149	—	209,149
2011	6.86%	13,720		2.11%	213,562	—	213,562
2012	6.86%	13,720		16.00%	247,732	—	247,732
2013	6.86%	13,720		32.39%	327,972	—	327,972
2014	6.86%	13,720		13.69%	372,871	—	372,871
2015	6.86%	13,720		1.34%	377,868	—	377,868
2016	6.86%	13,720		11.80%	422,456	—	422,456
2017	6.86%	13,720		21.69%	514,087	—	514,087
2018	6.86%	13,720		-4.45%	491,210	—	491,210
2019	6.86%	13,720		31.29%	644,909	—	644,909
合計		274,400	200,000	合計		—	644,909
總計		474,400		總計			644,909

科技泡沫

金融海嘯

和牛市時，股票的投資績效表現，可以看出，只要有夠長的時間，股市的表現贏多輸少，這樣的投資工具一定要或多或少的列入考量。

　　許多投資人會有這樣的提問，前後四代的老張之所以會成功，那是因為用美股做計算，這句話說得對，所以要選對投資市場，為什麼美國是成功投資者不可忽略的選項之一呢？當然有其道理，在後面的章節會有充分討論。

1-6

▲ 投資，要重視溫水煮青蛙的危機

　　「溫水煮青蛙」源於 19 世紀末，美國康乃爾大學科學家做過的一個水煮青蛙實驗。科學家將青蛙投入已經煮沸的開水中時，青蛙因受不了突如其來的高溫刺激，立即奮力從開水中跳出來，得以成功逃生。

　　當科研人員把青蛙先放入裝著冷水的容器中，然後再加熱，結果就不一樣了。青蛙反倒因為開始時舒適的水溫，在水中悠然自得，當青蛙發現無法忍受高溫時，已經心有餘而力不足了，不知不覺被煮死在熱水中。

　　這寓言的道理，多年來已被廣泛引用，用來比喻人們對於危機的意識，特別用來強調「直接」進入危機，會立即提高警醒，但如果面對「漸進」的危機，很容易被疏忽，等發現時已來不及了，再回頭已是百年身。

　　這故事還有另外的版本，有人真的做了試驗，把青蛙放到煮沸的開水裡面，青蛙沒來得及跳出來，死了；而把青蛙放到

冷水裡加熱，青蛙卻自己跳了出來，反證溫水煮青蛙的故事是錯的。

到底溫水煮青蛙是不是事實？取決於你用什麼樣的溫度和速度來煮，同樣的實驗，會得到不同結果，就如同投資管理，同一家公司的股票分析，不同的人會得出不同結果，因為魔鬼藏在細節當中，忽略了該注意的細節和假設，同樣的實驗，結果也會大不同，這個道理適用於投資和許多學科。

奧克拉荷馬大學的動物學教授霍奇森選定的加熱速率，每分鐘差不多攝氏 1.1 度，到了一定溫度後，青蛙會開始躁動不安，試圖逃離這個環境，如果裝載的容器允許，青蛙是會跳出來的。基於此，霍奇森宣布，溫水煮青蛙的故事是錯誤的。

而 1875 年亨滋曼的實驗，加熱速率要低很多，平均每分鐘升溫速率不到攝氏 0.2 度，就沒觀察到青蛙出現行為異常。青蛙可耐受的臨界高溫（critical thermal maximum，CTM）大約是攝氏 36 ～ 37 度，如果加熱到攝氏 37.5 度，即使青蛙沒有立即死亡，也會喪失一躍而起的能力，離死亡也不遠了。

投資隨時保有憂患意識

或許你會好奇，一本談理財的書籍，為何溫水煮青蛙的故事要談得這麼仔細，這是因為財務投資學有一個非常重要的關鍵元素「假設條件」（Assumption），這個假設條件的對錯或嚴

謹與否，會決定投資結果和方向。

回到溫水煮青蛙來說，這兩個實驗，一個是每分鐘加熱攝氏 1.1 度，另一個是用五分之一不到的升溫速率，這兩個不同升溫條件，造成不同實驗結果，可以說，在溫度變化明顯的情況下，青蛙可以迅速跳出，而當水溫變化很微小的時候，青蛙就難以察覺，失去逃生的機會。

「溫水煮青蛙」故事背後的依據有一定道理，只不過能煮死青蛙的這個升溫條件，和我們一般理解的「煮」不太一樣。

這個實驗，在企業界也被引伸出了一套「末日管理」方式，指企業經營者和所有員工面對市場，都要理解競爭，時刻充滿危機感。

例如百事可樂公司向員工展示一個市場調查，談到如果公司每年銷售不能成長 15%，經營就會失敗，這個危機感變成百事可樂公司員工奮鬥動力，使公司處在一種緊張又有次序的狀態，公司永遠欣欣向榮。

還有另外一個有名的案子，DRAM 這個電子記憶體的零件，目前是日本和韓國主導市場，但許多人並不知道這是美國英特爾（Intel）首先發明的，後來卻被日本追上去了，英特爾失去了優勢，公司宣布放棄這個產品，想想看當年這是一個多麼沉痛的決定，自己發明的產品卻拱手讓人，日本主導市場若干年後，又變成韓國的三星取得領先地位。

英特爾當時的總裁葛洛夫（Andy Grove）有一句名言：唯偏執狂得以生存（*Only the Paranoid Survive.*）。《我看英特爾：華裔副總裁的現身說法》作者虞有澄也曾提到，葛洛夫經營公司有相當的危機意識，有一次開會用了一張幻燈片，把在場的主管嚇出一身冷汗，圖片顯示對手已經追了上來，明明上個月開會還遙遙領先，怎麼才 1 個月時間就山河變色，難道要重蹈當年 DRAM 的下場嗎？

大家心中疑問是怎麼可能這麼快？最後葛洛夫告訴大家，這張幻燈片就是當年自家 DRAM 被別人取代時的歷史場景，大家才鬆了一口氣，但也上了一堂課——永遠不能懈怠，就像孟子所說：「生於憂患，死於安樂。」

通膨溫和成長不易察覺

在投資管理中，有沒有溫水煮青蛙的效應呢？當然有，而且就在你身邊，犯這樣錯的人比比皆是，不相信來看幾張圖。圖 1-3 ～ 1-5 是美國 1982 ～ 1990 年每隔 3 年通貨膨脹造成購買力下降的趨勢圖，圖 1-6 是同時間美國道瓊指數走勢圖。

通膨的這幾張走勢圖，給你什麼感覺呢？以 3 年為一個單位的圖形，讓許多人都認為購買力下降其實並不明顯，反而股票圖形看起來很危險，每年上下劇烈震盪，有虧損的可能，多數人看了這兩種對比圖形，可能會把錢放在定存，就算明知道

1982 ～ 1984 年美國通膨造成購買力下降趨勢 (圖 1-3)

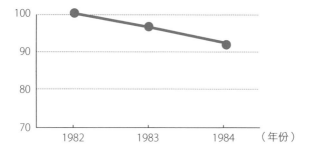

1985 ～ 1987 年美國通膨造成購買力下降趨勢 (圖 1-4)

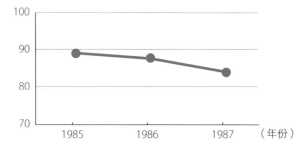

1988 ～ 1990 年美國通膨造成購買力下降趨勢 (圖 1-5)

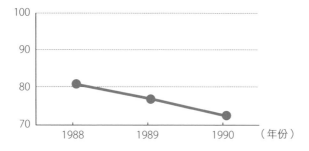

銀行定存無法擊敗通貨膨脹，但每年都會拿到利息，因而沖淡了危機意識，這彷彿就是前面所說的溫水煮青蛙。

如果你有這樣的想法，實屬正常，但那也表示你還未真正了解每一項產品的優缺點，一旦把通膨的圖型拉長到 9 年一起看（圖 1-7），美國購買力經過 9 年通貨膨脹侵蝕，已經下降 30%，對比圖 1-6，美國股市雖然短期有波動，9 年下來卻呈現驚人的成長幅度。

我們看一下 1987 年 10 月曾發生的世紀崩盤（圖 1-8），道瓊指數一天下跌了 22.68%，那段期間高點到低點跌了將近 40%，當時不少投資人極為心碎，10 年後來看，當年猶如是一個小小浪花，且彷彿船過水無痕，這就是股票市場的特性——

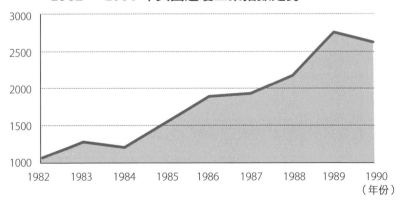

1982 ～ 1990 年美國道瓊工業指數走勢 (圖1-6)

看透市場本質 打造你的賺錢分身

短期危險，長期安全。

股市長期走勢向上攀升

2002 年道瓊指數攀登 1 萬點，科技泡沫一個股災損失50%，還沒站穩，2008 年又來一個金融海嘯，道瓊再次跌了50%，跌到 7 千多點，也是非常難以忍受的時刻，10 年之後再看，道瓊竟然從 7 千多點攀登到 2 萬 9 千點（圖 1-9）。

2020 年 3 月因為疫情的關係，在截稿的 2020 年 3 月 18 日為止，道瓊又跌了 35%，有點接近 1987 年的跌幅了，10 年、

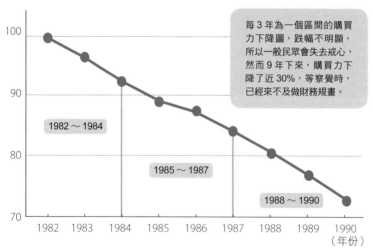

1982 ～ 1990 年通膨下美國購買力下降 30% (圖 1-7)

每 3 年為一個區間的購買力下降圖，跌幅不明顯，所以一般民眾會失去戒心，然而 9 年下來，購買力下降了近 30%，等察覺時，已經來不及做財務規畫。

1982 ～ 1984
1985 ～ 1987
1988 ～ 1990

20 年之後，回頭來看，可能又是一朵浪花。時間可以說明，歷史的巨輪往前推進時，難免會有一些波浪，但在經濟帶動下，美股還是有復原能力，且會持續創新高。

那美國的情況適用於台灣嗎？我們一併呈現台灣 30 年通膨下購買力走勢和股市對照圖（圖 1-10、1-11）。

台股長時間在萬點以下（失落了近 30 年），但通貨膨脹侵蝕購買力依然進行著，1982 ～ 2019 年，台灣購買力損失近57%，台灣的股市不像美股亮麗，但每年還有 4% ～ 5% 殖利率，也可擊敗通貨膨脹，如果能夠搭配美股操作，則成績大不同，這也是我們建議多少要考慮投資美股的原因之一。

台股在 1990 年代本益比在 55 ～ 60 之間，這是一個市場價

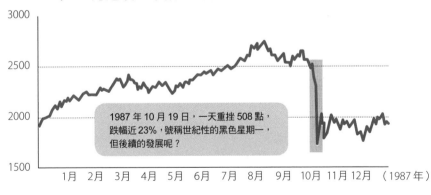

1987 年 10 月道瓊工業指數出現單日 22.68% 跌幅 (圖 1-8)

1987 年 10 月 19 日，一天重挫 508 點，跌幅近 23%，號稱世紀性的黑色星期一，但後續的發展呢？

看透市場本質 打造你的賺錢分身

值被高估年代，經過 30 年，台股公司盈餘獲利，逐漸把泡沫縮短，台股在 2018 年時本益比曾經下跌到 13 左右，2020 年 2 月本益比來到 18.4，這幾年台股殖利率仍高達 3.5%，本益比卻比美股便宜，如果 2020 年疫情股災，讓本益比回到中位數 15 倍左右，台股更有吸引力。簡單的說，以後萬點是常態，要突破歷史高點 12682 點，指日可待。

清除理財失敗基因

你想知道未來 100 年的走勢嗎？從通貨膨脹來看，購買力永遠是持續下跌的趨勢，未來 100 年、200 年都不會改變，而

1987～2019 年美國道瓊工業指數走勢 (圖 1-9)

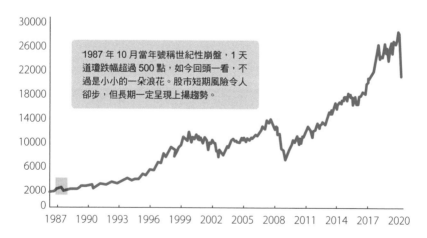

1987 年 10 月當年號稱世紀性崩盤，1 天道瓊跌幅超過 500 點，如今回頭一看，不過是小小的一朵浪花。股市短期風險令人卻步，但長期一定呈現上揚趨勢。

1982 ～ 2019 年通膨下台灣購買力下降走勢 (圖 1-10)

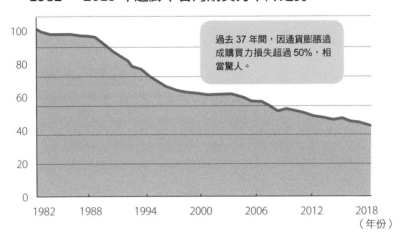

過去 37 年間，因通貨膨脹造成購買力損失超過 50%，相當驚人。

1987 ～ 2019 年台股走勢 (圖 1-11)

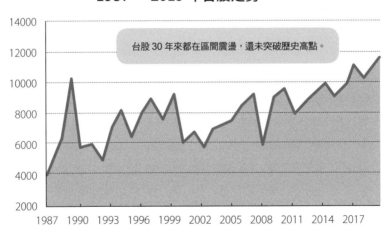

台股 30 年來都在區間震盪，還未突破歷史高點。

說明：圖為「年度收盤」的台股走勢，1990 年 2 月的 12682 高點在盤中出現，故無法呈現。

看透市場本質 打造你的賺錢分身

股票未來 100 年、200 年，永遠是呈現上漲的**趨勢**，透過歷史來看很清楚。

　　但是一談到投資，還是有很多觀念的盲點和迷思，阻礙理財成功之路，這可能就像我們要呈現圖形一樣，需要經過一番教育和說明，才能徹底改變你失敗的基因，換成有錢人的腦袋和思維，當這個知識變成信仰融入血液、進入骨髓，你才會做出正確理財決定。

　　物價膨脹造成購買力每 3 年下降的圖形，由於**趨勢**緩和，不會讓人有危機感，但長期就是溫水煮青蛙的效應，相反的，股市的圖形，短期間有大漲大跌的現象，但長期的股票**趨勢**都是由左往右呈現上漲，100 年以後也是如此。

1-7

◢ 別怕，有低點才有高點！

陳之藩在《旅美小簡》裡有一篇〈鐘聲的召喚〉寫到：

每到星期日早晨，整個美國換了個樣子，喧譁市街安靜得不見一人，人呢，都到教堂去了。美國人聽到鐘聲不去教堂，他們會覺得好像做了虧心事，到教堂做什麼去呢？聽罵。

牧師或神父們在罵下面的一群人，不是罵自私就是罵驕傲，使台下的人抬不起頭來，有的甚至哭泣。早晨走進教堂時，好像自己是汙穢不堪的人，出來的時候覺得已清滌了自己，每隔 7 天有這麼一次。

陳之藩先生出國得早，可能他居住的地方不在鬧市，加上 1950 年代美國商業的生活型態還不那麼明顯，所以星期日早上，喧譁市街不見一人是可信的。

在我出國的那個年代，商業活動和氣息都已非常濃厚，星期天早上若市區不見一人，恐怕要在郊區了，所以這段描述和

看透市場本質 打造你的賺錢分身

我的生活經驗不完全一樣，但進了教堂的感受，陳之藩先生的觀察就寫得很入神了。

談到鐘聲，作家王鼎鈞有篇文章也讓我印象深刻，記得文中提到：「有個人在狹小的橋上，迎面跟一匹餓狼相遇，雙方都停下了腳步，人在思考怎麼脫身，狼思考怎麼發動攻擊，突然寺廟裡傳來了鐘聲，餓狼愣了一下轉頭離開。」王鼎鈞形容，這鐘聲彷彿是一個救贖的聲音。

在投資世界裡，當聽到鐘聲時，對有些人來說是災難的開始，因為看不透投資本質的人，聽到鐘聲時對他而言恍如「喪鐘」，無法控制他的投資情緒，在喪失理智下，會做出許多令人扼腕的決策，但對於懂得股市有鐘擺現象的人，則是一個救贖的機會，他們深深懂得魔鬼最惡劣、猖狂時，也是天使到來的關鍵時刻。

從鐘擺理論看投資

讓我簡述一下鐘擺理論。看過擺動的時鐘吧？撥動之後，由靜止的中心點往左右擺動，到了一邊的極端後，又擺向另一邊極端。這左右兩個構成的極端，就是股價的最高點和最低點。

用時鐘的擺動作比喻，你或許已經了解股市的變化，但時鐘從左擺到右，兩個極端走一趟的時間很短，你可以感覺但體

驗不深。有趣且又最容易讓一般投資人沮喪，甚至會抓狂的，就是你擁有的股票，由高點的那個極端，擺向低點的極端，那是一種折磨，許多投資人會「買在高點，殺在低點」不是沒有原因。

不管是美國或其他國家，在投資世界裡，不是每個人都能感受到股市裡的鐘聲召喚，如果你能看清股市的鐘擺現象，反而是一個獲利機會。股市要是缺少了鐘擺現象，就不叫股市，也缺少了難以捉摸的多變。

舉個實例，星巴克——這個在全球不只販賣咖啡，還販賣氣氛的連鎖店，許多人在生活中都會接觸，不管是入店小坐或者經過，星巴克離我們的生活不會太遠，來看一下星巴克股價在鐘擺理論下的表現。

2006 年 10 月 10 日金融海嘯前，星巴克股價 38 美元，之後股價一路下跌，2008 年 9 月 15 日雷曼兄弟破產時，股價下跌超過 50%，來到 15 美元，這跟金融風暴無關，是星巴克在經營管理上犯了錯誤，但接下來遇到金融風暴時，股價又從 15 美元，跌到了 2008 年 11 月 20 日的 7.16 美元，相當於金融風暴期間下跌了 60%，與 2006 年 38 美元的高點相比，則下跌 81%。

用一個常識來判斷，星巴克的生意下跌了 20%，但公司資產卻蒸發了 60%，甚至 80%，你覺得合理嗎？更何況咖啡飲料

這類商品都有消費者的習慣和忠誠度，加上星巴克在其他新興國家，還有許多設點未達到飽和，當時中國大陸的市場更是方興未艾，充滿龐大商機。之後星巴克做了調整，關閉美國許多獲利不佳的據點，在中國大陸則積極擴充布局，半年後，股價回升到 13.53 美元，上漲 89%，1 年後，股價回到 24.41 美元，成長接近 200%。

2013 年 11 月，星巴克高點收在 81.97 美元，2014 年 7 月高點達到 80.44 美元，2019 年高點接近 100 美元。舉星巴克的例子，是因為你生活中就可以接觸到，不需要太大學問，這種能跟生活結合的投資，是我最鼓勵多數人投資的方式，用鐘擺理論來解釋股市極端現象，你看完之後有什麼感受呢？下次你懂得利用嗎？如果不懂，原因出在哪裡？如果懂，你會比一般人多一份定見和沉著。

所謂智者不惑，你需要有基本知識和科學數據作背景、基礎，再透過經驗和閱歷轉化成智慧，才會擁有不惑的條件。有人或許會質疑，星巴克跌到 7 美元時，難道沒有機會再跌到 3 美元嗎？金融海嘯時花旗銀行、南山保險的母公司美國國際集團（AIG）也幾乎瀕臨破產，難道星巴克就不會破產嗎？

利用轉機點逢低買進

任何懷疑，所謂大膽假設，都是好的，但別忘了，這下一

句是小心求證，光懷疑不求證，那是自己嚇自己，你可以小心投資，可以前面怕虎後面怕狼，但必須想出一些求證辦法，要不然哪裡也去不了。

如果可以用財務報表做分析，對咖啡這個行業做個了解，對星巴克的消費族群做個調查，以及密切觀察公司怎麼應變，加上前述所說的常識分析——銷售額下降 20%，但這麼一個有品牌，甚至市場接受度很高的咖啡連鎖店，股價卻下跌 80%，一定有一些不合理的地方，也代表了不合理極端出現時，就要往另外一個方向移動了。

但未必會在當下立即反應，不懂這個現象的人會在低點撐不住，認賠殺出，懂得這個現象的人，就會利用這樣的轉機點，開始逢低補進，手上有股票的，就算沒有資金可以加碼，也不會在驚慌中脫手。

許多人在投資世界，想的跟做的不一致，原因很多，其中有一個是還沒有找到說服自己的論點，或是想要避免犯錯，所以不輕易做決定。

我在投資領域裡扮演的角色，是一個投顧全權委託的管理者和基金操盤手，我當然有判斷錯的失誤，但有任何想法一經確定，就必須採取行動，錯了，就再做調整，累積經驗，我在投資領域中，想和做之間的落差不大（倒是在日常生活中，或許想和做之間會有完全不同的表現），為什麼？因為要在投資

領域生存，絕對不能當思想上的巨人、行動的侏儒。

　　星巴克是我管理的基金 10 大持股之一，表現還不錯，但不是獲利最好的例子。為了說明鐘擺現象──這一個我深信而且管用，並持續為我帶來獲利的理論，我特意查證了基金的購買紀錄，要麼不相信一個理論，要麼相信一個理論之後，充分去檢驗，你必須付出行動，才能夠檢驗這個理論是否牢靠有效，否則鐘擺現象出現時，如果不採取行動，縱然理論再好，對你也沒有任何意義。

大盤指數逢低必反彈

　　星巴克在 2006 年 38 美元時，我已經垂涎很久了，但當時處在下跌趨勢中，尚未觸底，同時我也覺得股價偏高，因為星巴克碰到了成長上的挑戰，2007 年底股價跌到 20.65 美元時，我開始逐步購入，現在來看，進場的時間還是早了，平均購買成本在 18.5 美元附近，這時金融海嘯還未掀起巨浪，2008 年 7月金融海嘯席捲，我目睹星巴克股價從 18 美元的一朵花，摔成 7 美元的爛泥巴。

　　我覺得星巴克的股價跌過頭了，沒有驚慌，想逢低補進，但管理的基金沒有資金，幸運的是，在全權委託的單一帳戶管理部分，有資金的客戶在星巴克 12 美元左右，進行鐘擺理論中低價補進布局，星巴克股價之後從谷底一路攀升，但在 2012

年夏天碰到了對未來經濟情勢不明和逢高減碼的震盪，為了鎖住獲利，我試探性的在 46 美元將部分獲利了結。

為什麼是部分而不是全部賣出，因為我還滿喜歡這家公司的經營和管理，之後在 2013 年 12 月，大約在 78 美元附近，我做了大幅度減碼，倒不是不看好星巴克，而是從以前的長期持有，改為短線進出，這跟基金已有獲利、對股價合理評估，以及由攻轉守的布局思維都有關，但這種個股的操作管理，與本書 ETF 的管理關係不大，所以細節部分就留待以後個股操作的書中分享心得。

這裡要強調的是，鐘擺理論現象在股市中確實明顯，了解這個理論有一個優勢，因為本書所使用的投資工具——美股標普 500 指數型基金及元大台灣 50（0050），就像一個橡皮球，掉下去必然會彈回來，你解讀的鐘擺理論未必能找到最完美的低點，但無需擔心，就像我在星巴克 18 美元買進後下跌到 7 美元的情況一樣，最終會彈回來。我在個股中使用星巴克的道理，就如同建議你在眾多投資工具中，選用美股標普 500 和台股 0050 指數型基金的道理一樣，都會彈回來。

確切了解每一個章節表達的意涵，一旦你透澈了解，就會產生不同信仰，同樣一件事情，看待的態度和角度改變，對事情的解讀和判斷也完全不同，在處理股市及人生難題時，都可以用正面思維解讀。

1-8

▼ 看透股市本質，你就敢危機入市

多年的實務經驗告訴我，股市如戰場，許多投資人，包含了專家，常在情緒管理出了問題，膽識為什麼沒有了呢？因為還未看清股市的本質，對股市的了解還停在知道但做不到的階段，也可以說股市學識的基礎，還不足以變成信仰，還沒扎實到可以言行合一的地步。

接下來我們談實例，也談鐘擺理論的兩個極端點，希望以後你能充分利用這種難得的機會，做到智者不惑，勇者不懼，我覺得這才是投資人應該追求的境界。

抓住正確方向才能逆轉勝

2008 年金融風暴，台股跌到 4600 點左右時，跌幅已超過美國，台灣富豪郭台銘曾說，他帶大陸的觀光友好團到士林夜市，大夥叫了臭豆腐，突然有人走過來打招呼，說自己是鴻海忠實投資者，200 元買的股票已經跌到 50 元左右，他問郭台銘鴻海股價什麼時候有機會回來？郭台銘說，他當場覺得自己比

那臭豆腐還臭。這故事說明台灣當時股市的慘況。

　　據統計，台股散戶投資人約 80% 無法獲利，原因當然很多，我很幸運，投資台股是站在 20% 獲利的一方，不過也是經過兩階段的調整，第一階段我用美股的操盤方式管理台股，但一方面不是主力，也忙得沒有時間看盤，偏偏買的又是活蹦亂跳、理當用技術分析看管，具有動能特質的股票，結果在我疏忽下，一回頭已經面目全非。在我的操作中，美股賺錢，台股賠錢，對一個職業操盤手來說，這非得研究清楚，挽回劣勢不可。

　　我沒有驚慌出場，一方面繼續投入新錢，一方面改變投資策略，把科技股慢慢換成有盈餘、較能掌握經營狀況的公司，也就是價值型股票。經過這兩個調整，我在台股的投資開始獲利，本想在獲利基礎上乘勝追擊，所以動用了財務槓桿，俗稱的融資，結果突來的金融海嘯，讓我的獲利又吐了回去，而且台美兩地腹背受敵，再度考驗我是否能抓住股市鐘擺理論中反彈的逆轉勝。

　　2000 年美股高科技危機，我能敗部復活，而且獲利在危機之後大幅上漲，憑藉的就像巴菲特所說：正確抓住下一個球的移動方向。以下我用真實故事，和一些簡單的數據還原現場，同時討論幾本書對高低點判斷的方法，讓大家了解成功的投資人如何看待股災來臨，可以用什麼簡單的財務數據，判斷下一

個球的移動方向。

別期待買在最低點

當時我使用融資持續加碼台股,電話那一端的營業員極力拜託我說:「闕先生,你能不能不要再買了?」她擔心股價再下跌,我會違約不付款。她表示,有個客戶原本有台幣 5,000萬元資產,現在全賠了,還欠證券行 500 萬元,而且人已經跳樓了。

2008 年 10 月 29 日,我寫了電郵給她,提到:「投資憑什麼賺錢?不就是買低賣高嗎?什麼時候是最低點,沒有人知道,但是連專家都想跳樓,甚至連著名財經專家都建議大家保守的時候,很可能就是『相對』低點。如果在低點不敢參與投資,或者不能參與投資(沒有資金),那又如何獲利呢?2 年後回顧,很可能最近的股價就是應該買進的低點,而不是拚命逃離的時機。但你我可能都同意,要做好現金部位的管理,和持續進場的安排。」

當時台股指數約在 4406 點左右,有人預估要跌到 3200 點才可能止住。如果是的話,還有 27% 跌幅,在一片哀嚎聲中,多數人可能已經無法支撐,所以她擔心我付不出款,這樣的顧慮也在情理之中。

當時有位財經專家說:「股市再這樣跌,我也不知道底線

會在什麼地方。」這句話我可以理解，但也深感訝異。股市確實是牛市漲勢沒有阻擋、熊市跌勢沒有支撐，且當時股市接連跌破許多支撐點，更別說台股還曾有萬點掉到2千多點的紀錄，所以專家有那樣的感受也是可以理解的。

但是，如果你了解鐘擺理論中，超買、超賣兩端的極端擺動現象，股票或股市中價值的基本判斷，以及行為投資學中貪怕情緒干擾下，搶進和拋售造成股價的不合理，就如同巴菲特說的，股價愈下跌愈能看出公司的真實價值，是風險的遠離而不是接近，可以說當時股市已經愈來愈接近反彈點。

在4400點時，如果你「確實」知道3200點是谷底，當然是先離開。但我不認為股市一定會那麼精準地如預測發展，如果在之前就煞車反轉呢？這時出場，有極大的機會是賣在低點（事實證明，通常想在最低點進場的人，反而錯過最好的進場時機）。所以我的策略就像在大海中緊抱著救生圈（股票），隨它浮沉，特別是股市在恐慌性賣壓造成股價低估的情況下。

結果呢？台股最低點出現在2008年11月20日，第二天指數碰觸3955點之後立即反彈，收盤收在4171點，之後漲幅超過100%。

財富總伴隨股災而來

我財富的增加，常伴隨著股災後到來，股災程度愈重，反

彈力道愈強,累積財富的契機愈好,到目前為止,沒有例外。相信你也喜歡巴菲特的財富,那為什麼多數人卻無法照他的經驗和卓見做呢?危機入市,你看的是危,巴菲特看的是機,問題出在哪裡?

台股之後的發展,現在回頭看也很清楚,股市並沒有像許多人預判的跌到 3200 點,而是快速反彈,我持續不斷購買的舉動產生什麼結果,這個你可以預測得到。

當時台灣許多好公司的股票,像蘋果一樣掉滿地,當時像臭豆腐般的鴻海,我也是買到手軟,買到沒有餘錢。就像我在美國買蘋果公司一樣的情況,任何體質不錯的個股,在金融海嘯期間進場,後續都有相當驚人的成長。

我在股災中可以脫困,進而創造更多財富的原因,是利用股市超跌的鐘擺現象,忍受暫時的虧損,在股價合理甚至超跌的範圍,用投資的心態,也就是巴菲特危機入市的說法買進。百貨公司週年慶打折,會讓你瘋狂搶購,為什麼股市瘋狂大拍賣時,你反而卻步不前?

買低賣高大家都會說,但要執行起來,理論和實務卻有天壤之別。我要強調的是,資訊不等於決策,好的投資決策,一定要經過自己獨立思考和風險計算後,帶一些膽識和耐心,才能開花結果。

如果不會風險計算,就無法有定見,沒有定見,就無法建

立膽識，沒有方向的散戶投資人，自然成了犧牲品。專家說的是實話，當時沒有人能夠預測底線在哪裡，但一定要在最低點進場，才能夠獲利嗎？投資大師巴菲特沒這樣做過，我的獲利還算可以，也不需要這樣操作。

我為什麼比你樂觀，除了分析能力、多一些經驗，最重要的是，知道投資本質不會變，鐘擺理論下，股市一定會擺回來，如果你能克服對貪怕的恐懼（這比學習合理評估股價還難），還懂得適時加入新資金，作用力愈大，反作用力愈強，自然獲利愈高，我就是把握這樣的投資竅門。

高低點的判讀，有其學理基礎和藝術成分，這部分可以複雜地探討，也可以簡單地運用而獲利，本書傾向於後者，學理討論留待在未來個股的相關書籍。

Part 2

阿甘投資法
不看盤、不選股、不挑買點

靠一檔ＥＴＦ，讓世界一流企業家幫你賺錢。

2-1

▼ 簡單、好用的阿甘投資法

記得研習太極拳數十年的家父曾對我說過：「每件事經過多年的鑽研，其精華常可以濃縮成幾句話，這就是最核心的部分。」

古人用「假傳一本書，真傳一句話」，傳神地說明如果不想讓你了解最精華的部分，就丟一本書讓你從頭摸索；若想讓你打通任督二脈，真正把絕活傳授給你，那麼就直指核心地說出一句話。

每一個學習太極拳的人，練拳後領悟出的心得不一，但歸結起來也可以看到太極拳的輪廓，比如常聽到的四兩撥千斤、以柔克剛、避實就虛、借力發力……，也有人認為太極拳講究輕沉兼備、虛實分明。

太極拳如此，投資亦是如此，但投資理財的書和方法何其浩瀚，有沒有打通任督二脈、直搗核心，簡單、好用，又能成功的方法呢？

在股海裡航行了 30 年，如果要有一句話可以真傳，我個

人認為，在股市要能投資成功的本質，就是要做到「讓全世界一群一流的企業家為你幹活」，而且在股海中要有足夠的航行時間，你所能見到的奇景是未曾出海的人無法想像。

幫你找到滾長坡的雪球股

時間不停的堆積，資本不停的累積，一流企業不停地運轉，就能因此創造財富。其實巴菲特也有相同的體悟，只是表達方式不同，巴菲特的名言：「找到雪球股，再找到足夠濕漉漉的長坡，讓它滾出一個大雪球的財富。」巴菲特的雪球跟長坡都是一個比喻，就算知道這個概念，很多人可能還是不知道如何著手，讓我告訴你哪邊有雪球和長坡，以及如何著手。

約 30 年前，我在美國當財務顧問時，看到某家投資機構用圖表呈現了一個投資觀念，仔細研讀，令我眼睛為之一亮，成為引導我比許多人提早達到財務自由的尋寶地圖。這個圖表歸納了一個 20 年的投資紀錄，背後浮現出簡單卻又不簡單的投資理論和方法。

和巴菲特那句名言不同的是，這個圖表指出了方向、做法和產品，這個投資方式當然也有一些缺點和限制，但相對而言，是多數人都可以接受、能達到財務自由，簡單而好用的方法，至於缺點和限制的部分，我稍作調整之後，就不再是限制，絕大多數人都可以適用，也就是「阿甘投資法」。

阿甘投資法 不看盤、不選股、不挑買點

如果你能把這個章節所有的觀念貫通，同時了解阿甘投資方法的限制，就可以利用這個限制獲取更多財富，就像拳擊選手有時被逼到線圈邊或拳擊台一個角落，卻還可以利用繩子的反彈力道和相對不利的位置，發揮逆轉勝的力量。

這個圖表一出現，許多人都不陌生，但多數人以前沒有抓到這方法的精髓，只看到這個方法的優點，忽略它的限制和缺點，以致於當這個限制或缺點出現時，就在關鍵時刻放棄了原本可以致富的方法。

此外，之所以有些人運用阿甘投資法卻沒有成功，在於沒有選對最正確的市場，簡單的說，就是巴菲特之前說過的一句話，要先「找到雪球股」，許多人連一個雪球都沒找到，為什麼呢？因為找雪球股需要「技巧」、「方法」、「時間」、「經驗」，這4樣東西，許多人無法完全具備，等具備時，資金也可能當作學費繳光了。

阿甘投資法不需要花時間找，只要把故事看完，照著方法做，就會發現有一堆的雪球跟著你，而且當環境變遷，有些雪球因濕度不夠消失時，這個方法還會「自動」補充更佳的雪球進來。

用時間換取財務自由

接下來，你只要再破解一個觀念迷思，而這個觀念正是許

多投資書籍一再教導你：「欣賞美景，一定要攀登聖母峰」的迷思，我認為欣賞美景不等同要有登峰的探險準備，一如造訪武當山，也用不著去角逐武林盟主，成功攀登聖母峰和成為武林盟主，值得鼓掌讚歎和欣賞，就如同巴菲特所說，登陸月球可以激賞，但要由他來做，那就謝謝了。

　　什麼意思呢？許多投資理財的書籍都在告訴你從哪一個完美點買進，在哪一個完美點轉身出場，這些人要是能真正做到，他的財富可能連巴菲特都望塵莫及，如果他的財富趕不上巴菲特，就表示理論跟實際有所脫節，仍有無法完全適用的地方和限制，如果耗了那麼多時間和精力，只有出書作者一個人可以攀上聖母峰，或變成武林盟主，這樣的功夫只適用於有那樣企圖和條件的人，對多數投資人卻不是好的致富方法。

　　請記得作者可以，不代表你也可以，身為一個財務規畫師，同時也是一個基金操盤手，投資奇葩可以做到的，不是我關心的重點，我關注的是多數人都要可以做得到，可以藉此嘗到投資的甜蜜果實，進而達到財務自由。

　　阿甘投資法確實可行嗎？與其終日尋找長生不老藥，不如從今日開始注重養生，過一個不生病的生活。長生不老和健康活著，何者重要？許多人都可以回答，但一想到「一夜致富」的美夢，又走入了歧途，什麼雪球，什麼長坡，都置於腦後，又是飆、又是沖，對我們職業操盤手而言，當然也會去找尋這

阿甘投資法 不看盤、不選股、不挑買點

種火箭股，但更不會忘記股價反映的是公司經營成果，公司的合理股價，不可能像中樂透似的暴漲，我相信每天務實的經營生活，找尋雪球股比火箭股更實際和重要。

我就是利用這個觀念和方法達到財務自由，為了讓你和我一樣留下深刻印象——必須在理論和實際應用兩方面完全信服，才可以轉化成你的信仰，將這個信仰落實在你的投資操作之後，你需要做的只有思考準備花多少時間來滾大這個雪球。

方法找到了，工具找到了，坡度也找到了，如果你一點時間都不給，也滾不出一個像樣的雪球。需要多長的時間呢？最少 20 年，巴菲特的財富也是用超過 20 年的時間滾出來的，你我都沒有巴菲特的功力和機遇，所以 20 年是基本功，如果你連 20 年時間都沒有，阿甘投資法不是不能用，但是無法發揮得淋漓盡致，不如找尋別的投資方式。

2 張致富藏寶地圖

投資要達到成功，方式不是只有一種，每一個人都要找尋最適合自己的方法和工具。以我個人為例，套用那家投資機構的觀念，但我在工具上做了一些調整，以美國市場的股票為主，因為這是我的職業，我比一般人有較多的時間投入和經驗累積。

我再次提醒，適用於別人，適用於我的都不算，因為今天要創造財富的是你，所以適用於你，而且能夠成功，才最重要，而這個工具和方法，連巴菲特都認可，甚至這些雪球股的累計績效，他這17年都無法超越（見後面章節「巴菲特17年無法超越的雪球股」）。

這是什麼雪球股呢？就是追蹤美國股市的指數基金（ETF），可以是美國道瓊指數30家的組合，股票代號DIA，或者包含500強企業成分股的標普500 ETF，代號SPY，就這兩個簡單的工具，選擇30家公司的組合或選擇標普500，兩者的績效很接近，且ETF的管理費也相當低廉，大約每年0.2%，先鋒基金推出的Vanguard標普500指數ETF（VOO），費用也很便宜。

在計算成績時，我們已經把管理費考慮進去，投資的成敗，在於你的信念和執行力。簡單的說，你如果沒有信心，以致於失去執行力，縱然最簡單、最有效、最好的方法，在你手裡，也發揮不出效益。

接下來準備攤開兩張地圖，第一張是30年前引導我致富的地圖（表2-1、2-2，1970～1989年），第二張則是我順著當年脈絡，做出來驗證的致富地圖（表2-3、2-4，2000～2019年），根據股災來臨時的情況，檢驗阿甘投資法的操作，希望這兩張致富地圖能夠幫你走到致富的彼岸。

阿甘投資法 不看盤、不選股、不挑買點

1970～1989 年最壞時機進場的例子 (表 2-1)

每年投入 5,000 美元，假設 20 年每年都在最高點的那一天進場，20
年下來累積資產為 400,017 美元，再壞也不過如此。

高點日期	累計投資（美元）	12/31 帳戶價值（美元）
1970/12/29	5,000	4,957
1971/04/28	10,000	10,122
1972/12/11	15,000	16,853
1973/01/11	20,000	18,736
1974/03/13	25,000	18,250
1975/07/15	30,000	30,926
1976/09/21	35,000	42,688
1977/01/03	40,000	42,141
1978/09/08	45,000	47,726
1979/10/05	50,000	57,252
1980/11/20	55,000	74,104
1981/04/07	60,000	75,973
1982/12/27	65,000	100,379
1983/11/29	70,000	130,320
1984/01/06	75,000	136,792
1985/12/16	80,000	186,024
1986/12/02	85,000	239,755
1987/08/25	90,000	256,163
1988/10/21	95,000	301,463
1989/10/09	100,000	**400,017**

股市再好，你也沒賺頭！
1973～1974年石油危機的世紀股災

1970～1989年最好時機進場的例子 (表 2-2)

每年投入 5,000 美元，假設 20 年每年都在最低點的那一天進場，20
年下來累積資產為 505,616 美元，再好也不過如此。

低點日期	累計投資（美元）	12/31 帳戶價值（美元）
1970/05/26	5,000	6,613
1971/11/23	10,000	12,798
1972/01/26	15,000	20,807
1973/12/03	20,000	23,517
1974/12/06	25,000	23,516
1975/01/02	30,000	40,343
1976/01/02	35,000	55,063
1977/11/02	40,000	53,527
1978/02/28	45,000	60,397
1979/11/07	50,000	71,789
1980/04/21	55,000	93,206
1981/09/25	60,000	95,477
1982/08/12	65,000	126,720
1983/01/03	70,000	164,455
1984/07/24	75,000	172,239
1985/01/04	80,000	234,467
1986/01/22	85,000	302,369
1987/10/19	90,000	324,129
1988/01/20	95,000	380,919
1989/01/3	100,000	**505,616**

石油危機

阿甘投資法 不看盤、不選股、不挑買點

表 2-1、2-2 代表投資人每年固定投資 5,000 美元，所以 20 年下來，共投入了 10 萬美元的資金，差別在於表 2-1 代表運氣差的投資人，不是普通的差，是極端的差，沒有人比他更倒楣，因為他每年都在股市最高點那天進場（買到最貴的價錢），你可能偶爾幾年進場的時間會買在最高點，但要連續 20 年都在股市最高點進行投資，是極端的例子，這樣累積 20 年後，1970 ～ 1989 年的投資階段，原本 10 萬美元本金已增值到了約 40 萬美元（見表 2-1）。

表 2-2 則是運氣最好的投資情形，每年進場都碰到最低點（買在最低價），買完第二天就上漲，而且連續 20 年，這正是許多投資人耗盡心力尋找、夢寐以求的投資典範。同樣累積 20 年後，至 1989 年時原本 10 萬美元的本金，成長到 50.5 萬美元（見表 2-2）。

投資不需追求完美時機

同樣每年 5,000 美元，20 年後運氣最差的人資產成長到 40 萬美元，運氣最好的人資產成長到 50 萬美元，你覺得這兩個會差很多嗎？多數人會覺得有差，但沒有差那麼多，而且這是極端的例子，一般人隨便選擇一天進場，你的結果，最差不會低於 40 萬美元，最好不會超過 50 萬美元。

許多投資人因為多年前業者一句話而付出了代價，那就是：

「隨時買、隨便買」，阿甘投資法是不一樣的，只告訴你「隨時買」，但沒有說「隨便買」，選擇的是美國股市龍頭成分股或美國 500 強的公司組合，這彷彿是艘航空母艦，而且是核子動力型的，因為單一股票有可能破產，單一的共同基金也可能長期虧損而無法回來。

許多朋友一定會好奇，表 2-2 的情形是每一年都在最低點進場，賺錢還有道理，那表 2-1 呢？買在最高點，每次買完就下跌，怎麼也會賺錢？

原因很簡單，雖然就短期來看股市會波動、下跌，若把眼光放長遠來看，就會發現股市呈現的還是上揚趨勢。投資市場原本

1926 ～ 2019 年美國道瓊工業指數走勢 (圖 2-1)

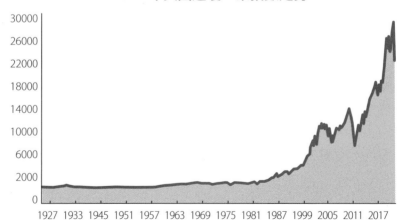

阿甘投資法 不看盤、不選股、不挑買點

就是漲漲跌跌，循環不停──不會漲不停，也不可能跌不休。

　　回顧道瓊工業指數歷史，1946 年 200 點、1954 年 300 點、1986 年 2000 點、1989 年 2791 點（台灣股市在 1990 年也達到了歷史最高點 12682）、1997 年衝到了 8000 點，到 1999 年的 10000 點、2008 年的 13000 點（美國長達 10 年失落的原地踏步）、2009 年 10000 點、2014 年跨越了 18000 點、2017 年突破 20000 點，在 2020 年一度飛越 29000 點，後因疫情影響重挫。這種長期上揚的趨勢其實就是股市的特性，相信大家有目共睹。

　　有了這樣的基本認知，只要選對了正確的好市場、基金、ETF，最安全的是我建議的美國股市中的道瓊工業指數和標普 500 這兩種 ETF，面對短期股市的修正，不必過分擔心了。

　　阿甘投資法雖然不能一夜致富，卻可作為中長期投資降低風險的一種策略，並被證實為非常有效的投資方法；如果這樣持續 20 年，會獲得一個相當不錯的成果，而且只要用極少的時間（不用選股），成績可能不會輸給整天鑽研股市的朋友。你可以把多餘的時間拿來經營你的家庭、健康、充實養生知識，圓滿的人生需要各方面均衡發展。

　　假傳一本書，真傳一句話，希望你能好好借重這個禁得起考驗的投資理論，一個好的投資觀念終身都受用。接下來，除了用不同時間檢驗阿甘投資法，我也會詳細分析，告訴你為什麼挑中的是美國市場。

2-2

◣ 世界一流企業，股災繼續幫你賺

　　曾被選為全美第一名基金經理人的投資奇才彼得林區
（Peter Lynch），在他隱退時的第一本書《彼得林區選股戰略》
（*One Up on Wall Street*），一開始就有一個章節分享他的專業經
驗，題目是「這是一個好市場嗎？請別多問」。

　　基本上彼得林區是一個採用由下而上方式選股的投資者，
他和巴菲特的成功都不仰賴對市場判斷對錯而成功，他們的思
維，比較關注於投資標的價格是否合理、是否具備吸引力，才
決定是否要投資。

　　彼得林區和巴菲特一樣，不認為誰能夠長期精準預測股市
的轉折點，他提到，數以千計的專家研究各項經濟指標，還是
無法有效預期市場，就像羅馬帝國皇帝身邊的智者，費盡腦汁
也算不出敵人何時來襲。

全程參與的獲利模式

　　1973 ～ 1974 年石油危機的股市大崩盤沒有預警，2000 年

開始的高科技泡沫卻是有點蛛絲馬跡，但 2001 年 911 恐怖事件，就沒有幾個人算得到，2002 年在美國股票經歷了 600 多天的空頭之後，第三年的跌幅比前兩年還重，能預判到的也不多。彼得林區提到全美有超過 6 萬名經濟學家，多數人的工作是預測不景氣和利率高低，如果能連續算對 2 次，都可以提前退休，過逍遙生活。

許多人不了解 1981 年 7 月～ 1982 年 12 月，這 16 個月經濟不景氣的惡劣狀況。我們拿 2008 年金融海嘯發生時，美國的經濟狀況來做比較，你就會有感覺。經濟不景氣的情況，原本就是每隔一陣子會發生一次，不過 1981 年那段期間，美國失業率高達 14%，2008 年只有 10%；1981 年通貨膨脹率 15%，2008 年之後約 3%，當時的 10 年期公債利率接近 16%，而 2008 年只有 2%。

失業率高達 14%、通膨率高達 15%，光這 2 個數字就足以讓多數經濟學家悲觀得不得了，彼得林區提到那個時候，10 個投資人有 8 個發誓美國又要重演 1930 年代的經濟大蕭條了，股市卻突然間猛烈回升，一下子這個世界就沒問題了。

美股投資人如果錯過 1982 年開始的大多頭，獲利應該相當差，1982 年道瓊指數 1000 點，2000 年高科技泡沫時 11000 點，到 2008 年金融海嘯時 13000 點，金融海嘯過去 6 年，2014 年攀登到 18000 點，2020 年疫情事件前一度飛越 29000 點，如

果你不了解股市這個本質，很難獲利，縱然能夠獲利，也是蠅頭小利。

所以彼得林區提問：「什麼是股票市場？」他認為股市漲跌應該沒有時間上的關聯性，如果他能讓你相信這一點，他認為他的書已經達到目的，這麼強烈的用語透露出他想扭轉一般人對股市的錯誤認知。

我的看法是，股市漲跌和時間未必有強烈的關聯性，和價格是否合理則有一定的關係，股市價格高估，未必會立即反應，可能還會持續被高估一陣子，但高估的市場終究會反應，下跌拉回，再回到一個正常合理的區間，周而復始。

對專業管理者來說，想掌握每一次的轉彎點，未必每一次都能正確判斷，多數的業餘投資人來做這種判斷的工作，未必明智。最好的方式是在你風險承受範圍之內，想辦法「全程參與」，例如阿甘投資法的長期投資過程中，利用每一個下挫點，在你可以的範圍內適度逢低加碼，如果你一直想追求低進高出，卻常常錯過關鍵的轉折點，花了許多時間，卻未必能交出一個你預期的亮麗成績單。

阿甘投資法禁得起考驗

確實有一些優秀的專業人士，以及做對功課的業餘投資人，可以找到股市的轉折點，我也可以，例如 2000 ～ 2001 年

高科技泡沫，我的投資幾乎沒有受到傷害，而且保存大量實力，但我沒有辦法每一次都判斷對，只能在部分的時間點判斷正確。例如接下來 2002 年那次標普 500 下跌 21%，我沒有判斷對，更別說 2008 年的金融海嘯。可是我管理的投資大部分都獲利，就如同彼得林區說的，他在股市差的時候一樣賺到錢，股市狀況好的時候也曾經賠過錢。

投資人也可能有疑問，表 2-1、2-2 看起來成果相對吸引人，但在 1970 ～ 1989 年間，只有經過一次 1973 年間的石油危機重挫，而最近的 20 年卻經歷過 2 次重大股災（科技泡沫、金融海嘯），而且長達 10 年才打平，上述理論還能適用嗎？

這是個好問題，我也很關切，所以我花了不少時間，找出過去 20 年標普 500 每年的最高和最低點，檢驗一下阿甘投資法的成績。

實踐是檢驗真理的唯一標準，我們來看一下結果（見表 2-3、2-4，2000 ～ 2019 年），表中投資方式和上個章節一樣，2-3 代表極倒楣的投資人，每一年都不幸（不是 1 年運氣差，是連續 20 年）在最高點那天進場。改版前的 20 年（1994 ～ 2013 年）紀錄，我還是希望讓大家看到，從 1994 ～ 2013 年，倒楣 20 年，每一年都在最高點進場，20 年下來 10 萬美元的投資本金成長到了 227,252 美元，獲利 1 倍。

這本新書改版後的數據，則是從 2000 年高科技泡沫開始，

檢驗至 2019 年，當中也經過了 2008 年的金融海嘯，截至 2019 年底，最倒楣的 20 年投資，10 萬美元的投資本金，成長到 263,774 美元，表現更優主要的原因是，遠離了 2008 年的金融海嘯，從 2014 ～ 2019 年是股市持續復甦的多頭漲勢格局。

表 2-4 則是代表極端的幸運兒，每年進場時間都碰到了股市最低點（同樣不只幸運了 1 年，連續幸運了 20 年），每年 5,000 美元、投資 20 年下來，10 萬美元的本金成長為 340,162 美元（改版前 1994 ～ 2013 年的 20 年，則成長至 289,176 美元）。上述投資計算結果，都已經扣除了 0.2% ～ 0.3% 的 ETF 管理費。

因為這是兩個極端的例子，也就是說，你選擇在任何時間進場，最差不會低於表 2-3 的 263,774 美元，最好也不超過表 2-4 的 340,162 美元，請問這最壞和最好的差距，會大到你無法接受嗎？多數人都可以接受，所以與其終日找尋長生不老藥，不如務實工作，將辛苦賺來的錢，讓全世界一流的企業家為你幹活，這遠大於你所投入的時間和成果。

表格中標有框線的地方，就是 2 次股災的痕跡，第一次高科技泡沫產生的破壞度還好，但是 2008 年金融海嘯這麼重創的跌幅，許多人未必能熬得過這一關，在還沒看到曙光就放棄了，錯過 2009 年的快速反彈，可以看看下一個故事的真實案例。

2000 ～ 2019 年最壞時機進場的例子 (表 2-3)

每年投入 5,000 美元，假設 20 年每年都在最高點的那一天進場，20 年下來累積資產為 263,774 美元，再壞也不過如此。

高點日期	累計投資（美元）	12/31 帳戶價值（美元）
2000/01/14	5,000	4,511
2001/05/21	10,000	8,506
2002/03/19	15,000	10,373
2003/12/31	20,000	18,384
2004/12/28	25,000	25,432
2005/03/04	30,000	31,764
2006/12/27	35,000	41,859
2007/10/09	40,000	49,130
2008/05/02	45,000	33,602
2009/12/30	50,000	48,600
2010/12/29	55,000	60,458
2011/04/29	60,000	66,310
2012/10/05	65,000	80,526
2013/12/31	70,000	112,942
2014/12/26	75,000	135,114
2015/05/19	80,000	146,636
2016/12/20	85,000	162,216
2017/12/28	90,000	202,495
2018/10/03	95,000	195,917
2019/12/27	100,000	**263,774**

檢驗讓你更清楚！
雲淡風輕笑數美鈔的阿甘：股災算什麼？

2000 ～ 2019 年最好時機進場的例子 (表 2-4)

每年投入 5,000 美元，假設 20 年每年都在最低點的那一天進場，20 年下來累積資產為 340,162 美元，再好也不過如此

低點日期	累計投資（美元）	12/31 帳戶價值（美元）
2000/03/07	5,000	4,837
2001/09/21	10,000	10,376
2002/10/09	15,000	13,736
2003/03/11	20,000	24,630
2004/10/25	25,000	32,872
2005/04/20	30,000	39,951
2006/01/20	35,000	52,007
2007/03/05	40,000	60,547
2008/11/20	45,000	43,480
2009/03/09	50,000	64,720
2010/07/02	55,000	80,004
2011/10/03	60,000	87,362
2012/06/04	65,000	105,225
2013/01/08	70,000	147,362
2014/02/03	75,000	175,763
2015/08/25	80,000	189,921
2016/02/11	85,000	209,685
2017/01/19	90,000	261,208
2018/12/24	95,000	252,527
2019/01/03	100,000	**340,162**

科技泡沫

金融海嘯

阿甘投資法 不看盤、不選股、不挑買點

我有位好友聰明能幹，吃得了苦又顧家，往來多年後才知道他當年是台北某明星高中前 10 名畢業，在美國工作多年之後，還充分利用時間完成了博士學位。

在美國住過的人都了解，美國維護居家環境的雜事多，美國人從小就會善用各種工具，因為人工費用貴，水龍頭工人隨便來修理一下就是 2、300 美元，所以每個人或多或少都學會動手修理一些小問題，他老兄就是所謂的維修達人。

在等待中錯失財富列車

這幾年我飛亞洲的次數比較多，常由他接送，2009 年 3 月之後美股自金融風暴的谷底開始反彈，當年 6 月飛亞洲時，在送我去機場的路上，他問我對股市的看法：「可以進場了嗎？」我說現在比 2008 年 10 月風聲鶴唳時來得好，應該早就要進場了。

經過住宅區碧綠的草地，聞到了公園裡飄來的陣陣烤肉香，那是國殤節的到來，預告著美國進入了暑假；在亞洲待得久，回美時已有秋意，他來接機時，我問道：「近況可好？」接著聽他講述，公司又裁員了，現在是一個人兼兩人份的工作量，公司降低人事成本以增加獲利，做為上市前的準備。在美國一旦步入中年，每一個人在工作上總是有一些不確定，這是美國的工作大環境使然。

隔年，我又在夏季之前離開美國，送機時他又問：「股市如何，可以進場了嗎？」這時已距離上次的提問過了 1 年，我的回答依然肯定，但心裡在想：「你會採取行動嗎？」第二年落葉時節又逢君，在車上我依然是靜靜聽他談到公司人事變化，他工作賣力，也有一定成績，如果他這樣一個人才也從公司消失，可能美國的就業市場就非常悲觀了，雖然他的工作沒問題，但他對工作的擔心和投資市場的不確定，在談話中還是隱隱約約可以感覺到。

　　說來難以置信，第三年我們聊的又是重複話題，我非常感慨，我和他有這麼深厚的交情，他幫了我很多忙，這些年我為許多客戶創造出投資的分身，每年的獲利，相當於客戶 1 年的工作所得，這些客戶把握了股災之後反彈的契機，毀滅性的金融海嘯走了、發財列車來了，我們都上了車，這位朋友卻沒有好好把握機會，我彷彿看到車窗外的他愈來愈遠。

　　我曾開玩笑地對他說：「你所有的事情都比我聰明和能幹，唯一在投資理財上，你趕不上我。」我思考問題出在哪裡，如果他有一點阿甘的傻勁，又能借助別人的長處或專業，或像彼得林區說的：「別老問市場好不好，投資就對了。」以他這麼多年的奮鬥，應該在步入中年、進入被裁員的高峰期時，早就建立一個賺錢的分身。

　　你認為問題出在哪裡？我們常說知識就是力量，也是財

富，他有心投資，要不然不會一直找尋進場的切入點，但他並不了解股市的本質，也不了解美國股市的特性，如果他能對股市有一個寬闊的視野，了解每一項投資工具的限制，以及如何利用這個限制，就像這本書從頭到尾、循序漸進，想要呈現的這些財務知識，或許他的膽識和決定會不一樣。

這本書的內容花了將近 1 年整理，我不可能在他接送車上那麼短的時間，把所有資訊都完整告知他。為了他，為了我的許多朋友以及不認識的你，每個人都有必要培養投資理財的能力，不然你再聰明能幹，都趕不上阿甘的大智若愚，沒有這些理財知識，就無法做出明智的判斷。

破曉前的夜最黑，想看阿里山的日出要摸黑登頂，投資必須帶一點毅力，才可以到達致富的彼岸；帶一點想像力，你可以在前進的過程中，保持一點愉快的心境。選用代表美股大盤的 ETF（如 DIA、SPY），加入投資成本平均法的概念，再帶一點信心與耐心，你可以輕易的擊敗許多投資高手，同時也可以早日達到財務自由，如我一般。

2-3

◤ 巴菲特 17 年無法超越的雪球股

　　過去 10 年來，你手邊的 20 萬美元，是否成長 1 倍？或過去 20 年來成長了 6 倍，達到 123 萬美元？或過去 30 年成長了 23 倍，達到 475 萬美元？如果沒有，你應該了解本書介紹的這個簡單的投資工具，如果有，你的投資眼光的確不同凡響，但若你急需用錢，能在一天變現嗎？如果也有，你確有理財天分，但你能 1 年只花 10 分鐘做到嗎？

　　多數人都滿意上述投資成果，也好奇地問，多高的投資報酬，才可以產生這樣的投資成果？答案是，投資報酬複利在過去 10 年是 7.25%、20 年是 9.55%、30 年是 10.81%，這個數字會讓許多人訝異，原來年複利根本不需要 20%，甚至不需要 15% 的高報酬就可以致富。

　　全世界長期超過 15 年能交出 20% 的操盤手也沒有多少人，藉由過去 30 年的數據結果，成功的投資人應該學著打破新聞媒體聳動標題的陳述，只要有穩健約略 10% 的複利投資報酬，就可以輕鬆致富，而且可以空出更多時間和心思，經營人生更

阿甘投資法 不看盤、不選股、不挑買點

重要的其他財富。

　　除非你天賦異稟，或有過人的能力，要追求高於股市所能交出的正常成績，就像以時速 300 公里高速行駛的車子，出事機會很大，所謂 10 次車禍 9 次快，投資也是如此。

標普 500 年複利達 10%

　　致富的祕方不在瞬間，而是在合理投資報酬，日積月累、年復一年的「複利」效果。這也是巴菲特所說的：「投資就像雪球，最重要的是找到濕漉漉的雪，以及足夠長的坡。」在合理報酬的投資環境下，就容易找到濕漉漉的雪，也只有合理報酬的投資，才有條件找到足夠長的坡，如果你還不知道「濕漉漉的雪」指的是什麼，長坡又在哪？那麼請繼續閱讀下面文字。

　　從 2003 ～ 2013 年這 11 年中，巴菲特累計成長報酬是145%，相當於年複利 8.49%，輸給標普 500 的累計成長報酬162.83%，相當於年複利 9.18%。改版的當下是 2020 年 3 月，我們好奇距離上一次的比較有將近 6 年時間，巴菲特有沒有開始超前了呢？

　　繼續往下延伸累計到 2019 年的數據，巴菲特原本在2003 ～ 2013 年間，累計成長報酬落後標普 500 的幅度是17.83%，但 2003 ～ 2019 年標普 500 的累計成長報酬是

417.44%、年複利 10.15%，巴菲特落後了 52%，為 365.83%、年複利 9.47%（見表 2-5），當然巴菲特還是很優秀，但數據說明了標普 500 的成績更優秀，這也是為什麼阿甘投資法鎖定標普 500 的原因。

2003～2019 年巴菲特 vs. 標普 500 績效 (表 2-5)

年度	年度報酬（%）		年度	年度報酬（%）	
	巴菲特	標普 500		巴菲特	標普 500
2003	14.32	28.68	2012	17.58	16
2004	6.17	10.88	2013	32.16	32.39
2005	-0.05	4.91	2014	27	13.52
2006	24.91	15.79	2015	-12.50	1.38
2007	29.20	5.49	2016	23.40	11.77
2008	-32.10	-37	2017	21.90	21.61
2009	2.29	26.46	2018	2.80	-4.23
2010	21.87	15.06	2019	11	31.22
2011	-4.76	2.11			

巴菲特 vs. 標普 500 累計 17 年績效		
	巴菲特	標普 500
年複利	9.47%	10.15%
累計成長報酬	365.83%	417.44%
結論：標普 500 的 17 年累計報酬，擊敗巴菲特！		

阿甘投資法 不看盤、不選股、不挑買點

2-4

◢◣ 緩漲卻抗跌，標普 500 惹人愛

　　許多人投資股市，只有一個念頭：「快快致富。」結果是，想快的快不了，不急的卻先到站。致富的道理其實很簡單，那就是合理的投資報酬加上時間。標普 500 指數囊括了全美著名且財務不錯的 500 家大型公司，至於對標普 500 的績效滿不滿意，恐怕要看你在什麼心情，和什麼時候問這個問題。

　　例如，若是在 2000 年 4 月以前，拿標普 500 的績效來比較，許多人會覺得未免太不夠看，標普 500 成分股中的微軟或雅虎，隨便漲幾塊錢，恐怕都有 5% ～ 10% 的漲幅，同一天標普 500 指數才往上爬了 1%。尤其是 1999 年高科技股飆漲，更讓許多人把基金、ETF 看扁了，這時候許多投資人，尤其是自己操作投資的朋友，恐怕心中都有一個疑問：華爾街這些所謂的專家，怎麼活像個米蟲，拿了薪水，績效卻比不上身兼數職的業餘者。

　　然而，2000 年科技泡沫股市修正，許多人才發現微軟及雅虎一天跌個 2 塊美元，已經去掉 10% 的帳面價值，連跌幾個

月，許多人心都給弄慌，頭也跌痛了，才發現華爾街那群蠢蛋們，不！專家們，還真有兩下子，把船駛得還算穩當，避開了這麼大的風暴。

這麼說吧！你的投資組合，恐怕 20 支股票一天漲了 10% 是發生過的事，但要標普 500 指數中的 500 支股票同時上漲 10%，就好比要航空母艦跑得像水上摩托車一樣輕盈，那是不可能的。

同樣的，當股市下跌時，你的投資組合一天損失 5% 的紀錄不是沒有，但要 500 支股票同時下跌 5% 卻不容易，這時，你才發現，原來在狂風暴雨的海洋上，標普 500 的組合就像航空母艦的噸位，搖晃難免，沉船不易，而許多人的投資組合，此刻恐怕就像一葉扁舟，在狂風中掙扎著。

因此，基金經理人莫不把擊敗標普 500 指數的績效列為每年最重要的工作，意義即在此。標普 500 算老幾呢？我們認為，不是老二，恐怕也算老三，績效能長期擊敗標普 500 的基金，都值得你多看一眼。

汰弱換強保持戰力

曾經有投資名家提出：「標普 500 的長期績效，未能反應破產的成分公司」這個疑點。

我的觀點和認知是，標普 500 確實「曾經」有將那些破產

阿甘投資法 不看盤、不選股、不挑買點

和失敗的公司列入計算，但公司一旦被踢出了成分股之後，就停止計算它的表現，但有些投資人可能認為踢出去之後，公司的股價表現還需要繼續列入計算。我覺得這個應該有所切割，如果被踢出去之後，成績還要列入計算，這會產生不合理的現象，說明如下。

首先，標普 500 是一個變動的指數，台灣 0050 也是這樣的設計，公司什麼情況下可以進入成分股、什麼情況要被踢出，都有標準，能夠列入，不代表永遠存在，就像大學新生一樣，通過入學考試，不代表可以畢業，頂尖的大學都維持一定水準的要求，達不到就會被退學，標普 500 和多數 ETF 都是如此設計。

其次，一旦納入標普 500 被踢出以後，這個成績還要有所關聯，那就不只是 500 家的成分股，可能就變成標普 700 或 800 了，因此，標普 500 成分股被「趕出家門」後，成績就不應該跟標普 500 有所關聯，就像你的投資組合中，某家股票賣出之後，不管未來股價上漲或下跌，都跟你的投資組合完全沒有關係了，以下用一個實例來說明。

柯達公司（Eastman Kodak）原本在標普 500 之內，但 2003 年 1 月股價由 40 美元左右持續下滑時，標普 500 的績效一直被拖累，2010 年 12 月 17 日柯達被踢出名單外，新加入的成員是 Netflix，這家公司提供的 DVD 郵寄服務和線上電影下載，擊

敗了競爭對手百事達影片公司。

簡單的說，這件事可以分 3 個階段來看，其中 2 個階段標普 500 的績效跟柯達有關，最後一個階段則無關。

第一個階段，1930 ～ 2004 年柯達是藍籌股中的藍籌，迪士尼樂園當時還為柯達建立了一個場館，這段期間柯達的股價相當亮麗，標普 500 因將其納入成分股而分享了柯達的績效。

第二個階段，2004 ～ 2010 年柯達股價由 40 美元跌到 5 美元，跌幅近 87%，因為是標普 500 的成分股，標普 500 因而受到拖累，由於還是成分股，所以必須承受。

第三個階段，2010 年 12 月 17 日，柯達因不符合納入標普 500 成分股的標準而被踢出，之後股價從 5 美元繼續掉到 0.34 美元，請問第三階段柯達股價的好壞，與標普 500 有關係嗎？我個人也是美國基金管理人，認為這時標普 500 的成績與柯達的好壞已經無關，如果踢出名單之後還有關聯，那所有的 ETF 可能就無法進行績效評估了。第一階段受益、第二階段受損，這都合理，因為柯達是成分股，但是第三階段不是成分股時，標普 500 與柯達就沒有關聯了。

標普 500 成分股的變動，通常在 7 天左右向媒體宣布，讓跟該指數有連動的投資人、基金或 ETF 有所依據而調整。總結的說，標普 500 的績效，考慮了成分股表現的好壞，長期績效還是精準的。

2-5

▲ 到哪裡找尋最佳投資市場？

美國諧星艾迪・墨菲（Eddie Murphy）有部電影「來去美國」（*Coming to America*），故事敘述他扮演非洲王子，要找尋聰明、有智慧又討人喜愛的妃子作為未來皇后，他在全球地圖當中思索著哪裡最適合？

幾番尋覓，鏡頭拉到了美國，最後定格於紐約的皇后區，他的僕人問為什麼要選這裡？王子說要找尋未來的皇后，在很多皇后居住的地方，成功機率最高。原來皇后區的英文 Queens 是加了複數的皇后，皇后區是紐約市面積最大，人口最多的五個行政區之一，去過紐約的人幾乎都到過這裡，原因是要由甘迺迪機場入境，甘迺迪機場是世界上數一數二飛航頻繁的著名機場。

喜歡鋼琴的人可能知道史坦威（Steinway & Sons）這品牌，是一家美國及德國鋼琴製造公司，和名錶品牌寶路華（Bulova）都在這個區域，雷根總統的第一夫人南茜・雷根（Nancy Reagan）也出身於皇后區的法拉盛（Flushing）。

這裡也是許多華人聚集的地方，法拉盛有許多台灣和大陸移民，具有一定的政治實力，附近的可樂娜（Corona）公園是1964年世界博覽會的場地，公園裡的地球儀是這個活動的地標，天主教保祿六世參觀了那次的博覽會，他也是首位訪美的天主教會教皇，教廷當時還展示了米開朗基羅廣場的作品聖殤（Pietà）。

不斷修正錯誤的美國市場

　　公園裡的網球場是世界博覽會留下來的建築，世界四大滿貫之一的美國網球公開賽就在這裡進行，主場是擁有2萬3,000個座位的亞瑟艾許（Arthur Ashe Stadium，美國著名男子網球明星，1975年溫網男單冠軍）球場，當年參觀時，在球場入口，亞瑟的一段話曾引我駐足沉思片刻，石碑上寫著：「從我們所得到的可以幫助我們生存，但從我們所給予的卻可以成就生命（*From what we get, we can make a living; what we give, however, makes a life.*）」。

　　他有一段話也非常適用於股市的投資，他說：「成功的重要關鍵是自信，而自信的重要關鍵來自於充分準備（*One important key to success is self-confidence. An important key to self-confidence is preparation.*）」。我認為失敗的投資人有兩個問題，一個是性格，另一個是準備工作不夠扎實、充分，他還有另一

個著名的人生體驗：「成功是一個旅程，而不是目的，你所要做的遠比結果更重要。」

美國球員獲得世界網球排名第一的還有好幾位，例如山普拉斯和阿格西，這個世界著名的球場，卻以黑人球員來命名，背後一定有原因，亞瑟艾許有兩項巨大成就，其一是，他與其他幾名運動員發起創立了職業網球協會（ATP），當年舉步維艱的開始，發展成了今天健全的網球世界。其二是，參加享有盛譽的南非公開賽，簽證因膚色被拒絕，他決定採取更勇敢的行動，呼籲將南非從巡迴賽和台維斯盃中排除，以示對種族隔離制度的抗議，得到網球圈內外很多名流和組織支持，提升了全世界對南非種族問題的關注。

為什麼要介紹這段，因為美國這個國家一路走來，不斷犯錯，也不斷在修正，甚至為了黑奴，打了一場美國至今最大的內戰，從幾部林肯的電影，可以看出南北兩方為了黑奴利益和人道立場不同有所爭執時，「相對正義」的一方在拉鋸中最終獲勝，林肯當年說過一句話：「我不喜歡成為奴隸，所以我也不喜歡成為奴隸的主人。」

美國當然不會事事完美，相對的，我也不認為全世界有哪一個國家是完美無缺的烏托邦，美國至今缺點仍然不少，我可以在你提到的缺點之上，再加上好幾條，但如果願意用多個角度來看美國，她還是相對支持正義的一個社會，從廢除黑奴的

內戰，再到歐巴馬成為第一位黑人總統，總是在錯誤中不斷修正自己的路線，也是歐巴馬常說的：「如果還有人懷疑美國夢是否存在，我就是最好的證明。」

如果你願意去美國旅遊之前，閱讀美國的歷史，會讓這個旅遊更有價值，從事股市的投資也是如此。

總在衰退後東山再起

美國為什麼是全球投資者心目中的皇后之一（在投資的世界，你可以同時心儀許多佳麗）？讓我用一些數據和資料來說明。

1. 瑞士洛桑管理學院評比

美國在整體戰力上是世界的領先者，從瑞士洛桑管理學院（IMD）2009 ～ 2014 年全球國家競爭力排名可看出，由於金融海嘯關係，美國在 2010 ～ 2012 年期間，跌出了第一，2013 ～ 2014 年又重返第一的榮耀，2018 年還是保持第一，2019 年被新加坡和香港超越，但以這兩國的政治地緣關係，我認為未來還是無法像美國有如此均衡的實力，因此未來美國要重返第一的機會很大（2019 年排名：新加坡第一名、中國第十四名、台灣第十六名、韓國第二十八名，日本第三十名）。

IMD 的評比有四大類別、329 項指標，具有一定的參考

性，四大類別分別是：經濟表現（Economic performance）、政府效率（Government efficiency）、企業效率（Business efficiency）、基礎建設（Infrastructure）。

2. 世界經濟論壇評比

世界經濟論壇（World Economic Forum，WEF）提出的2012 ～ 2013 年全球競爭力報告（Global Competitiveness Report），美國因經濟脆弱、民眾對政府效率有疑慮、公共債務可能拖垮美國成長等因素，排名連續3年退步，跌為第七名。

但WEF認為，美國有優質的大學、研究發展能力強，並具有規模龐大的經濟和富彈性的勞動力，2013 ～ 2014 年WEF全球競爭力報告中，美國躋身前五名之列（一至五名國家分別是：瑞士、新加坡、芬蘭、德國、美國），5 年之後，2019 年美國從第五名進步到第二名，前四名排序是：新加坡、美國、香港及芬蘭。

誰控制了糧食，就控制了人類；

誰控制了能源，就控制了國家；

誰控制了貨幣，就控制了世界。

當年美國國務卿亨利・基辛格（Henry Kissinger）說了以

上的話，其實美國就是一個糧食輸出國，也握有許多能源，只是以前不想開發，包括石油、天然氣。貨幣寬鬆政策時，美國大量印鈔票造成美元貶值，使得各國中央銀行的美元投資部位虧損，但各國中央銀行並未大量拋售美元，原因很多，略舉以下幾點：一、出售若再次造成美元走貶，虧損更大，因為全世界有 60% 外匯投資在美元；二、相信美國的整體實力，經濟低迷和弱勢美元只是短期現象；三、無所選擇，外匯中美元仍是相對穩健。

二大優勢復甦美國經濟

美國得天獨厚的「美元」地位，讓她比全世界任何國家更有條件用金融及財政的刺激或調整手段，脫離困局，美元是國際間流通的結算貨幣，換成其他國家，在金融海嘯期間，幾乎沒有同樣條件和實力，能大印鈔票還不破產，而且還不一定大印鈔票就能有效挽救經濟。

以日本為例，安倍 2012 年底上台提出振興經濟的三支箭：寬鬆貨幣政策、大規模增加公共開支、以通貨膨脹刺激經濟及經濟結構改革，目標是透過刺激，擺脫經濟停滯與通貨緊縮的惡性循環，帶領日本走出「失落的 20 年」，其中最引人矚目的就是寬鬆貨幣政策，日圓匯率開始加速貶值。

安倍經濟學這套政策組合能否發揮功效，世界都關注，特

別是歐洲，如果能夠仿效美國的寬鬆政策而成功的話，可以作做為其他相同經濟困難地區的指引參考。然而《經濟日報》社論指出：「經過近 2 年運作，『第一支箭』寬鬆貨幣政策已成強弩之末；『第二支箭』擴大公共支出，也因提高消費稅率而中途墜落；『第三支箭』經濟結構改革則因政治考量，始終引弓未發。」

反觀美國，在實施近 6 年的量化寬鬆貨幣政策後，2014 年第 3 季經濟成長率達 3.5%，失業率由金融海嘯時的 10% 下降到 5.8%。然而，美國經濟表現之所以相對亮麗，卻不是靠量化寬鬆，而是基於兩大優勢。

其一，美國藉著積極增產頁岩石油及天然氣，使能源及原料成本大幅下降，帶動石油相關產業蓬勃發展——頁岩石油是上帝額外給的另外一份禮物。

其二，經濟結構高度自由化，對外貿易也相對開放。使經濟體系較具自動調整的機制，能夠隨著時間而逐漸療癒，這句話稀鬆平常，但日本和許多國家這幾十年來卻始終做不到，這句話一般人看過也很難有深刻的體會和印象，我跟大家分享兩個故事，加深一般人的認知。

1986 年我在美國念企研所的第二年，有一門必修課叫組織行為學，那堂課因為開在晚上，有許多公司主管來進修，最後一堂課前，老師讓同學在兩個主題中選一個探討，第一是談美

國的模範生奇異公司，第二談日本的企業組織（1986 年代幾乎是日本國力的巔峰，到處興起了「日本能，為什麼美國不能」的檢討），經表決，超過 95% 的同學選擇探討日本。

所謂知恥近乎勇，了解別人的優點，比關起門來自我感覺良好更重要，在錯誤中自我檢討、改進，也是美國的特質之一。接下來後續的發展是，日本的日經指數 1990 年達到巔峰 38916 點後，開始走下坡，美國則開始恢復生產力，在國力上與日本做了黃金交叉。

我有位客戶，小孩從美國著名大學企管系畢業後，特地送到日本念碩士，做為接班的培養，念完回來，我問他心得，日本是不是可以比美國快速脫離低迷的經濟？他的答案竟然是很難，因為企業文化和結構性的問題；我問到日本引以為傲的企業終身雇用制，難道沒有效用嗎？他說有好有壞，雖然終身雇用制有優點，員工穩定，但公司需要換血時有所顧忌，反而可能拖垮公司財政。

高度自由化活絡企業發展

上市公司如果不能獲利，股價就會低迷，就形成了惡性循環，股市投資人或曾在美國上班的人，會有很深刻的感受，每一次經濟衰退時，公司裁員毫不留情，初來乍到會覺得美國怎麼這麼沒有人性。換一個不同的思維來看問題，公司也要生

存，碰到經濟衰退時，公司有權做人事精簡和最有效的資源運用，度過寒冬。

公司裁員通常是沒有情義的，第二天上班被通知時，安全警衛說是陪著，也是監視著，當天收拾私人物品、領取公司的裁員貼補方案。看似殘酷，但公司可以快速因應經濟衰退的各項對策，讓財政不被拖垮，避過風暴，進而獲利，又可以開始招募人才，這種外科手術式的處理方式，有時能讓公司針對問題快速自我康復。

當然這不是完美的做法，就看你的著眼點，美國公司在經濟衰退時，不需要背負企業社會責任這種大帽子的壓力，企業體能健康生存，整個國家就會往健康的方向發展。小我重要，還是大我優先？中西方在這方面有不同的文化思考，但這不代表美國企業不重視社會責任，只是相對的高度自由化。

有人會問，這樣的做法會造成更多失業人口，以致於影響消費能力，形成更大的經濟風暴。這要回到美國特殊的社會結構和處理方式來談，平常員工和公司要繳納失業保險金，許多國家都有失業保險金，但美國運用得相當靈活，被解雇時，約可領取原收入的 60% 津貼，還有許多免費就業訓練課程。金融海嘯期間，出現 860 萬的失業人口，狀況特殊、困難時，總統還可以簽署延長失業補助的期限。

簡單的說，這時公司的一部分爛攤子先丟給了政府，企業

解決了人才過剩的問題，經濟衰退如同秋冬一樣，遲早會來，也遲早會走，公司因應經濟衰退通常會減少庫存，就算緩慢消費，庫存遲早要用完，只要開始需要補貨，就陸續要用人，這時就像初春的破冰解凍，經濟得到舒緩，也可以說政府在經濟困境中扮演一個大水庫，先讓企業活起來。

　　金融風暴那幾年，美國大藥廠也很少有新藥開發成功。我有位客戶，在默克（Merck）這種國際性大公司工作，2013年聚會，我才知道他的部門已裁到只剩下他一個，這是經濟結構高度自由化的結果。以上所舉的例子，只是企業體的部分而已，貨幣寬鬆政策推出以來，美國實行得相當有效，背後有許多條件，並不是每一個國家都能夠依樣畫葫蘆。

　　談到對外貿易的開放，用柯林頓總統當時簡單的一句話就可以說明，他向日本官員喊話，大意是：「開放吧，別讓你們的牛肉那麼昂貴！」如果你到過美國的好市多（Costco）或其他超市，會發現有些水果品質極為穩定，而且價錢合理，全世界好的產品彷彿都優先到了美國，要美國人不消費都很難。

2-6

◤ 面對危機，美股脫困的實力

　　舉幾個大家都熟悉的美國道瓊 30 家成分股，計算至 2013
年底，過去 80 年中，投資 1,000 美元在麥當勞股票，不含股
利，光股價就成長了 175 倍，可口可樂達到 242 倍、奇異公司
143 倍，最高的第一名是 808 倍，你的人生財富擁有幾個這樣
的天使，很早就可以財務自由，讓你空出雙手做人生享受的事
情。

　　美國藏富於民的經濟實力驚人，2011 年 8 月時，美國政府
的現金還比不上蘋果公司持有的現金；台灣一年國防預算平均
約 100 億美元（2020 年最高，達台幣 3,580 億元），而輝瑞藥
廠（Pfizer）一年的研究發展預算（R&D）約 80 億～ 90 億美
元，輝瑞藥廠每年投入這麼龐大的研發費，中間有近 10 年沒
有新藥，但這不代表沒有研究成果，每家藥廠新藥發展累積的
專業和經驗，都是未來的突破口。

　　試想，一家公司的研發費用，相當於一個國家的國防預

算，可想見美國 200 年所打下的基礎。另外，微軟公司 2019 年的研發費也超過 100 億美元。全世界很少有一個國家，不但有這麼多公司，還投入這麼高的研發費用。這也是美國可以不斷提高生產力、推出創新產品，引領全球風騷的實力，產值當然不是靠勞動力的國家可比擬。

以上分析可以看出，美國絕對不是病貓，2000 ～ 2009 年 2 次股市崩盤，2 次的中東戰爭，讓美國付出了失落 10 年的代價，但當戰爭結束，當年網路泡沫投入的基礎建設，讓今天的網路更有效能和生產力。

當然，美國已不可能維持當年超強的地位，中國崛起、歐元區也是強力競爭者，挑戰很多，但放眼未來 2、30 年，美國 200 年打下的基礎，不可能土崩瓦解，她的綜合國力和藏富於民的規模，都是世界之最，提供了美國脫離困局的本錢。容我再強調一遍，200 年藏富於民的基礎和努力，如果不深入了解這點，就無法看懂美國市場。

繼續扮演經濟領頭羊

太陽底下每樣東西都有影子，美國也在太陽的照射下，自然不例外，要說美國的缺點，我可以舉例上百條，看完上述例子，不以為然的人也能舉證一二，這些我覺得都成立，談投資，一定要對每一個投資標的，正反面都詳細評估和了解，有

心的讀者也可以翻閱相關書籍，看看不同角度的探討，例如英國作家托尼・金賽拉的《美國在崩潰》。

例如有人質疑，美國面對致命危機，現有的經濟模式可以維持嗎？老化走調的美式民主政治，發出了一個警訊——美國權力制衡的機制，有失效的跡象，正出現逆向制衡，此外，美國在監獄人數超過230萬，在監獄的犯罪人數、占總人口的比例，這兩方面都名列世界第一。

美國本身也有許多問題和挑戰：外貿赤字、扮演世界警察受到的質疑、執法過當，以及效率不彰的公營機構，例如郵局，和台灣的郵局幾乎不可相比，也有許多沒效率的管理，特別是有些鄉鎮級的地方政府機構，以新澤西州為例，有時開車不到5分鐘就經過了2個城鎮，這種重複累贅的組織架構缺乏效率。

2011年8月初美股大幅震盪，原因是美國信用評級被降等，擔心經濟是否會陷入二次衰退，美國走完了一個失落的10年，會像日本再走另一個失落的10年？還是會像浴火的鳳凰？時序走到2015年，許多人都相信美國又重生了，因為全世界經濟表現最亮眼，甚至扮演領頭羊的就是美國，美國隊長真的回來了嗎？讓我們接著看下去！

改版此刻的2020年，剛經歷過2018～2019年的中美貿易戰，多數人可以感覺到中國的快速進步，例如瑞士洛桑管理學

院國家競爭評比中，中國從 2014 年的第二十三名，快速進展到 2019 年的第十四名，中國的企圖心跟實力已經令人刮目相看，但中美貿易戰下來，美國還是保有一定優勢。

　　特別是美國的軟實力，諸如各項制度的完善，是一個有次序又保有創意的國家，這絕不容小覷，因為有些國家太有制度，會減損創意的軟實力，少了些動能，但美國這幾年可以看到特斯拉的電動車、民營航太製造商 SpaceX 回收太空梭，在第四次產業革命當中，還是引領全球，雖然中國已經靠近，然而從均衡面來看，美國還是相當具有實力。

2-7

▲ 投資台股最簡單的工具

　　美國指數基金推出後廣受好評，雖然原本就有些基金也有
追蹤指數，但只能透過基金公司購買，經過改良創新之後，這
些追蹤美國指數的基金也可以在證券交易所交易，本質上是基
金，但交易行為又像股票，台灣引進之後，稱之為股票指數型
基金，就是現在大家熟知的 ETF。

　　美國 ETF 數量、種類非常豐富，雖然如此，但我們只推薦
標普 500 和公債 ETF，因為工具用得好，比多來得重要，特別
是初學者的投資人。

投資 0050 省事又省錢

　　台灣和標普 500 非常接近的 ETF，就是元大台灣 50
（0050），其成分網羅了台灣目前市值前 50 家大公司的股票，
和台股的連動性高達 98%，當然隨著前 50 家公司名單的變動，
ETF 也會跟著做調整，這是參與台灣股市最簡單的工具，不但
省事而且還省錢，因為交易費比一般購買股票來得低，一般股

票的交易稅是千分之三，0050 卻只要千分之一。

0050 雖沒有標普 500 歷史悠久，包含的世界知名企業也沒有標普 500 多，但除了交易稅低廉外，還有一個被許多專家推薦的主要原因是，0050 和標普 500 共同特質，就是股價掉下來總有一天會彈回去，除非台灣整個消失，雖沒有像標普 500 彈性那麼高，但卻是參與台股最有代表性，既好操作又安全的投資工具。

有了這個我們最想要的穩定性和恢復性之後，再來求變化，後面要討論的就是操作技巧問題，因為具穩定性，所以適合多數投資人；因為有恢復性，剛開始就算犯錯，也不至於兵敗如山倒，無法彌補，不像有些公司一旦失去競爭力走向下坡，甚至有可能面臨破產（股票下市），0050 有可能表現不夠好，但幾乎沒有消失的困擾。

然而台灣畢竟是一個淺碟型的市場，無法與標普 500 這樣的航空母艦相比，0050 也算是台灣市場的航空母艦，加上交易稅便宜，就算要玩短線也比較有本錢，淡妝濃抹總相宜，長抱、短進都可以，應該是一般投資人的首選。

也有些投資人青睞元大高股息 ETF（0056），0056 包含的成分股，是台灣股市中現金股利較高的前 30 家公司，缺點是成交量沒有 0050 大。

對股利收入依賴性較高的投資人，可以考慮這樣一個工

具，畢竟 0056 的收益遠比定存高很多，如果心態上把 0056 認
定成中期投資，如 3 年的定存，產生的股利收益加上股價成
長，有相當大的機會優於定存，不過，0056 本質上還是股票組
合的投資工具，所以一樣不能買貴。怎麼樣不買貴，則是後面
要討論的問題。

0050 近年殖利率在 3% 以上（見表 2-6-1），0056 近年殖

0050 近年股利表現 (表 2-6-1)

發放年度	0050				
	股利合計（元）	股價統計（元）			年均殖利率（%）
		最高	最低	年均	
2009	1	56.45	30.01	45.3	2.21
2010	2.20	61.40	47.95	54.7	4.02
2011	1.95	63.20	46.61	56.6	3.45
2012	1.85	56.20	47.45	52.3	3.54
2013	1.32	59.15	52.95	56.2	2.40
2014	1.55	69.95	55.60	63.7	2.43
2015	2	73.30	55.40	66.3	3.01
2016	0.85	73.55	55.60	66.3	1.28
2017	2.40*	85.60	71.35	78.8	3.05
2018	2.90*	88.40	73.30	81.8	3.55
2019	3*	98.30	72	83	3.61

說明：＊表示 0050 當年度發放 2 次股利

阿甘投資法

利率在 4%～6%（見表 2-6-2），你說這會輸給 2014 年時，許多大型企業發行利率 2.15% 的 15 年期公債嗎？當然不會，0050 及 0056 所提供的股利水準，超過了公債利率高達 50%～200%，何況股價未來還有成長空間。

雖然股、債兩者不能完全類比，但 50 家優良企業組合的安全度，不會輸給一家知名企業發行的公債。

0056 近年股利表現 (表 2-6-2)

發放年度	0056				
	股利合計（元）	股價統計（元）			年均殖利率（%）
		最高	最低	年均	
2009	2	24.40	13	19.5	10.3
2010	—	28	20.91	24.1	—
2011	2.20	29.96	20.78	25.8	8.54
2012	1.30	25.90	20.76	23.7	5.49
2013	0.85	24.79	21.98	23.5	3.61
2014	1	26.67	22.44	24.3	4.12
2015	1	25.40	18.76	23.1	4.33
2016	1.30	25.35	20.14	22.9	5.67
2017	0.95	26.85	23.07	25.2	3.78
2018	1.45	27.84	23.24	25.8	5.62
2019	1.80	29.06	23.11	26.9	6.70

阿甘投資法 不看盤、不選股、不挑買點

許多人困惑於 0050 及 0056 該怎麼選？有人只著眼於 0056 的高股息，有人只著眼於 0056 的低價格，這樣的思考並不夠全面，也沒有從這兩項工具的本質去思考，要做正確的選擇，要先了解這兩項工具的選股標準以及目的，如此才能挑選適合你的 ETF。

0050、0056 投資目的不同

要比較 0050 和 0056，需要一個較大篇幅，簡單來說，0050 著眼的是台灣前 50 大市值的公司，關注未來成長性，一旦成分股內的公司競爭不足，就會被剔除名單之外，也意味著競爭力減弱的時候，就不是 0050 的選股考量了。

當然 0050 也不是沒有令人詬病的地方，例如台積電在 2019 年就占了 0050 成分股約 30% 比重，但這也說明台積電確實有一定的實力及優勢。只要能夠在全世界技術獨領風騷，0050 的策略不會懲罰績優股，投資世界講求汰弱換強，但沒有必要為了拉平市值，硬要千里馬跑成一般馬的速度。

另外一方面，在市值考量下，也沒有辦法從各種層面做評比，例如瑞士洛桑有 4 個評比考量，而 0050 在 2017 年因為高鐵市值比較大，擠下傳統製鞋大廠豐泰，這也是有人質疑 0050 選股機制不夠理想的地方，不過 2020 年豐泰又在 0050 成分股裡面了，意味著好公司不會被忽略，有實力就會擠進名單裡，

雖然 0050 不完美，但也並不差。

　　反觀 0056 創造的出發點，不是以高成長為考量，要的是高股息，而且是預期未來的高股息，以人為判斷做篩選。有些人對「人為」、「預期」有所詬病，我個人的看法在於通常要高股息，就很難有高成長，成長動能強的公司，很少發放高股息，他們通常會維持一般水準，因為多餘的錢，優秀的公司會拿去創造更多財富和資產。所以如果高股息的波動度相對來的低，為了安全考量還值得，但目前的資料顯示並非如此。

　　總結的說，你的投資目的是要資金成長，0050 應該優於

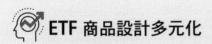

ETF 商品設計多元化

　　以美國交易為例，基金下午 4 點前收到的購買單，是用當天的收盤價做為買賣依據，較不能反應這一天之內隨時的波動；而 ETF 因為是模仿和追蹤，漲跌跟指數幾乎同步，股價也跟著隨時反應變化。

　　除此之外，同一檔 ETF 還產生了多元化的組合設計，例如槓桿型 ETF，在股價上漲時可以有雙倍、甚至 3 倍獲利；也有反向型 ETF（追蹤標的上漲時，反向型 ETF 會下跌），先在高點借別人的股票賣出，然後低點補回歸還，賺取價差，這種放空（short sale）操作的反向 ETF，是股市下跌時的操作工具。

阿甘投資法 不看盤、不選股、不挑買點

0056。但 0056 的高股息給你比較安定的心情（其實未必），同時股價只有 0050 的一半甚至更低，容易讓你一次買下 1 張，有較高的進場動機，這也是 0056 的優點。當然還有另一項優點是，0056 因結構的關係，股價下有硬地板、上有天花板，有可能偶爾可以用來做價差，這是屬於 ETF 的操作策略，ETF 操作和價格變化不在本書討論範圍。

2-8

◤ 台股市場，也適用阿甘投資法？

　　台股也適用阿甘投資法嗎？這個是改版之前許多人問我的問題，改版前我沒有思考這個議題，但因為許多人關切，我也好奇做了測試，從結果發現台美兩地的股市差異。

　　假設從 1988 年開始，每年投入台股 5,000 美元（相當台幣 15 萬元），到 2007 年統計 20 年下來，每年選在最高點進場，結果只有小賺 214,783 元（見表 2-7）；每年在最低點進場，則可以賺 145 萬 5,160 元（見表 2-8），嚴格講起來這個成績比美股還差，而且是落在 2008 年金融海嘯之前的投資成果，若是落在 2008 年，結果當然是虧損，主要的原因是台股波動度高於美股。

　　台灣果然是一個比較淺碟型的市場，特別是在 1990 年崩盤前，上下波動幅度相當驚人，提供價差投資人很好的賺錢機會，但對不懂得操作的投資人，雖然不會賠錢，但獲利並不亮麗。當然隨著台股目前逐漸進入法人市場，未來會逐漸改善，趨勢演變也有可能像美國。

1988 ～ 2007 年最壞時機進場的例子 (表 2-7)

每年投入 15 萬元，假設 20 年每年都在最高點的那一天進場，20 年
下來累積資產為 321 萬 4,783 元，再壞也不過如此。

高點日期	累計投資（台幣）	12/31 帳戶價值（台幣）
1988/09/24	150,000	88,669
1989/09/15	300,000	302,716
1990/02/10	450,000	197,688
1991/05/09	600,000	311,856
1992/01/30	750,000	324,276
1993/12/31	900,000	481,390
1994/10/03	1,050,000	715,977
1995/01/05	1,200,000	632,687
1996/12/02	1,350,000	998,002
1997/08/26	1,500,000	1,293,180
1998/03/02	1,650,000	1,115,812
1999/06/22	1,800,000	1,631,228
2000/02/17	1,950,000	985,816
2001/02/15	2,100,000	1,294,402
2002/04/22	2,250,000	1,146,928
2003/06/30	2,400,000	1,617,723
2004/03/04	2,550,000	1,845,491
2005/12/27	2,700,000	2,185,292
2006/05/08	2,850,000	2,793,143
2007/10/11	3,000,000	**3,214,783**

和美股屬性有落差

1988 ～ 2007 年最好時機進場的例子 (表 2-8)

每年投入 15 萬元，假設 20 年每年都在最低點的那一天進場，20 年下來累積資產為 445 萬 5,160 元。

低點日期	累計投資（台幣）	12/31 帳戶價值（台幣）
1988/01/05	150,000	327,999
1989/01/05	300,000	926,588
1990/10/01	450,000	705,522
1991/01/16	600,000	927,720
1992/12/28	750,000	835,490
1993/01/07	900,000	1,936,565
1994/03/19	1,050,000	2,481,650
1995/08/14	1,200,000	1,980,330
1996/02/06	1,350,000	2,875,575
1997/01/04	1,500,000	3,554,901
1998/09/03	1,650,000	2,935,221
1999/02/05	1,800,000	4,132,925
2000/12/27	1,950,000	2,474,855
2001/10/03	2,100,000	3,147,082
2002/10/11	2,250,000	2,709,211
2003/11/05	2,400,000	2,737,873
2004/05/17	2,550,000	3,069,052
2005/10/19	2,700,000	3,416,838
2006/06/13	2,850,000	4,024,840
2007/03/05	3,000,000	**4,455,160**

科技泡沫

阿甘投資法 不看盤、不選股、不挑買點

另外一個是 2000 年開使做的測試,雖然經過了科技泡沫、金融海嘯 2 次股災,截至 2019 年,20 年來都在最高點那天進場的結果,300 萬元投資成本會變成 454 萬 4,468 元,也就是說連續倒楣 20 年都有 154 萬元獲利(見表 2-9),如果是連續 20 年在最低點進場,300 萬元投資成本會變成 676 萬 5,938 元,獲利 376 萬元(見表 2-10)。

台股體質往美股靠近

資料顯示,投資美股買在最佳和最差的時機點,兩者總報酬率差距大概在 26% ～ 28%,台股則是高一點,高低點總報酬率差距約 49%,從這個結果也印證了原先的預測,也就是隨著台股進入法人市場,波動度開始較 1990 年代縮小,2000 年之後,台股也有一點小阿甘的身影了。

投資者只要不間斷的每年定時定額,就算在最壞的時機進場,也就是每一年都買在最高點,就算經歷 2 次股災,都還能保持獲利,如果還能夠提高心理素質,比如說每年在台股下跌 10% 以上才進場,績效會再提升,如果當年度沒有碰到 10% 跌幅,就選任何一天,也就是說必須在當年度完成投資。

總結的說,20 年之後,投入股市的報酬率還是比銀行定存高,但嚴格講起來還不夠高,這是我建議投資人可以混搭美股投資的原因,也是後面出現「混血兒」可愛的地方。

另外要注意的是，0050 在 2003 年之後才出現，避開了台股 2000 年 41.96%、2002 年 17.84% 的跌幅（以上跌幅包含股利再投資），也就是說避開了這 2 年的重跌，0050 才能夠有現在年均報酬 6% ～ 7% 的成績，希望台股體質就像 2000 年之後，是一個分水嶺，未來台股體質日益增強，年度報酬能逐步像標普 500 靠近。

　　不管如何，投資人要懂得借重全球經濟，幫自己創造財富，可以慎重考慮把美股列入投資項目。幸運以及方便的是，早期台灣要投資標普 500，需要開海外券商或是複委託帳戶，現在更方便了，有些業者推出連結標普 500 的投資商品，3 種方式各有優點，都可以使用中文介面。

　　地球村時代投資更方便，重要的是要有正確的知識和概念，才能善用這些投資工具。

2000 ～ 2019 年最壞時機進場的例子 (表 2-9)

每年投入 15 萬元，假設 20 年每年都在最高點的那一天進場，20 年下來累積資產為 454 萬 4,468 元。

高點日期	累計投資（台幣）	12/31 帳戶價值（台幣）
2000/02/17	150,000	70,744
2001/02/15	300,000	221,561
2002/04/22	450,000	283,647
2003/06/30	600,000	413,957
2004/03/04	750,000	514,617
2005/12/27	900,000	693,359
2006/05/08	1,050,000	927,623
2007/10/11	1,200,000	1,115,254
2008/05/19	1,350,000	671,659
2009/12/31	1,500,000	1,303,489
2010/12/31	1,650,000	1,567,789
2011/01/28	1,800,000	1,390,445
2012/02/29	1,950,000	1,645,933
2013/10/18	2,100,000	1,944,952
2014/09/01	2,250,000	2,358,653
2015/04/27	2,400,000	2,268,686
2016/10/25	2,550,000	2,926,459
2017/11/7	2,700,000	3,521,349
2018/01/23	2,850,000	3,396,359
2019/12/18	3,000,000	**4,544,468**

「小阿甘」的身影出現

2000 ～ 2019 年最好時機進場的例子 (表 2-10)

每年投入 15 萬元，假設 20 年每年都在最低點的那一天進場，20 年下來累積資產為 676 萬 5,938 元。

低點日期	累計投資（台幣）	12/31 帳戶價值（台幣）	
2000/12/27	150,000	156,403	
2001/10/03	300,000	428,902	科技泡沫
2002/10/11	450,000	521,977	
2003/11/05	600,000	837,459	
2004/05/17	750,000	1,167,523	
2005/10/19	900,000	1,407,491	
2006/06/13	1,050,000	1,760,649	
2007/03/05	1,200,000	2,045,903	
2008/11/20	1,350,000	1,261,502	
2009/01/21	1,500,000	2,444,091	金融海嘯
2010/06/09	1,650,000	2,849,567	
2011/12/19	1,800,000	2,471,529	
2012/06/04	1,950,000	2,838,763	
2013/06/25	2,100,000	3,263,444	
2014/02/05	2,250,000	3,896,250	
2015/08/24	2,400,000	3,699,199	
2016/01/21	2,550,000	4,565,068	
2017/02/08	2,700,000	5,394,866	
2018/12/26	2,850,000	5,112,132	
2019/01/04	3,000,000	**6,765,938**	

阿甘投資法 不看盤、不選股、不挑買點

2-9

◤◢ 0050 和標普 500，何者易超越？

　　道瓊工業指數雖然也是加權平均指數，但涵蓋的幾乎都是產業的龍頭老大，從美國上萬家公司中選出了 30 家超級菁英，至於標普 500 涵蓋的企業，也有人稱為 500 強，這個「強」字，就說明了標普 500 的體質。

　　台灣加權指數以 2020 年 3 月資料來看，上市公司有 942 家，幾乎台灣所有上市公司全部列入計算，雖然也有加權比重，例如 2020 年 3 月時台積電所占比率是 24.3 ％，鴻海 3.3%，不過體質弱的公司還是有被列入，不像道瓊 30 或標普 500，已經把弱的公司都排除了。

　　簡單的說，台灣指數是強弱的混合，雖然強者的比率較高，但也把弱者考慮進來了。而美股從上萬家上市公司中，挑出最強的道瓊 30 和標普 500，彷彿就是美國挑選奧運的籃球國家代表隊，別的國家代表隊要打敗美國職業隊的任何一隊，機會比較大，但要打敗美國國家夢幻代表隊，難度很高，因為是強者的集合，道瓊 30 和標普 500 就有這樣的意味，所以美股

指數績效要比台股指數難以超越，這也是巴菲特過去 17 年無法擊敗標普 500 的原因之一。

標普 500 是一個不錯的投資選擇，這也是這本書選用的投資標的之一，挑選這個選項，本身就是高手中的高手，甚至標普 500 涵蓋的成分公司，每年有多家都在世界 100 大品牌的名單中，不但名列美國之強，也是世界之最，如果還不能為投資

2019 年 Interbrand 全球最佳品牌前 10 強 (表 2-11)

2019 年名次	2014 年名次	品牌	2019 年品牌價值（百萬美元）	2014 年品牌價值（百萬美元）	價值增減（%）
1	1	Apple 蘋果	234,241	118,863	97
2	2	Google 谷歌	167,713	107,439	56
3	15	Amazon 亞馬遜	125,263	29,478	325
4	5	Microsoft 微軟	108,847	61,154	78
5	3	Coca-Cola 可口可樂	63,365	81,563	-22
6	7	Samsung 三星	61,098	45,462	34
7	8	Toyota 豐田汽車	56,246	42,392	33
8	10	Mercedes-Benz 賓士汽車	50,832	34,338	48
9	9	McDonald's 麥當勞	45,362	42,254	7
10	13	Disney 迪士尼	44,352	32,223	38

人創造利潤，其他指數基金就更困難。

　　就拿各個國家的指數基金來相比，標普 500 的安全性高，相對的股市恢復性也高，就算指數掉下來，在一定時間內也會彈回去，這個在前面章節有許多討論與數據證明，所以符合安全投資的考量。

　　從歷史來看，標普 500 中長期報酬也相對亮麗，更重要的是也符合了本書強調的——投資方法簡單，但績效不簡單，空出的時間得以經營人生其他更重要的財富，例如健康、親情、友情、心靈等，追求人生財富的平衡發展。

　　表 2-11 是標普 500 成員中被選為 2019 年全球 100 大品牌公司的前 10 名，這些公司不只是以美國為根據地，還以全世界為市場，利用研發、技術或品牌，為公司的投資人攻城略地、創造財富，這樣的公司你怎麼能不心動、不考慮呢？

2-10

▲ 再完美的方法，仍有投資限制

從前面章節深入了解阿甘投資法的精神，以及市場選擇的邏輯後，在你決定使用阿甘投資法前，這裡要討論一下使用阿甘投資法可能會有的一些困惑和迷思。

人生就像一盒巧克力，你永遠不知下一塊吃到的是什麼味道（*Life is like a box of chocolates. You never know what you're gonna get.*）。

1995 年第 67 屆奧斯卡金像獎最佳影片的角逐中，「阿甘正傳」獲得 13 項提名，最後一舉獲得了最佳影片、最佳男主角、最佳導演、最佳改編劇本、最佳剪輯和最佳視覺效果 6 個獎項。由影帝湯姆漢克主演的這部電影，片中的阿甘真誠、善良、守信，最重要的是他永遠不斷地付出，也不介意別人拒絕，如果阿甘介意別人的拒絕，或是有選擇性地付出，可能也無法感動觀眾。

在現實的投資世界裡，其實也有兩大族群，一種是像阿甘一樣，選擇一個相信的市場，然後持續地投入資金，彷彿不知道下一塊吃到的巧克力是什麼味道，雖然無法掌握下一個投資環境的變化，但不會因此而停止。第二種是要找到覺得可以付出的對象才付出，投資時一定要等經濟學家確定天空沒有烏雲，才會採取行動。

克服貪、怕兩大問題

如果非常在乎進場時機，很可能因此錯過了成長期，因小失大，那就不見得是對的選項。如果你投資的是單一股票、單一產業，或單一且還不是實力堅強的國家地區基金，這樣的顧慮還有點道理；但阿甘投資法鎖定的標的，如追蹤美國道瓊指數或標普 500 指數的 ETF、全球股票型基金，或全球股債混合商品，這一類投資標的就像橡皮球，掉下來一定會被彈回，不需要費盡心力尋找進場時機。

從財務行為學的理論和實證來看，也有一句真傳的話，那就是「華爾街只有兩個敵人，一個是貪，一個是怕。」我個人覺得現代人還要再上一個敵人，那就是沒耐心。阿甘投資法，解決了一部分貪和怕在情緒上帶來的干擾──持續不間斷投資，在股災過後，能夠收穫更多財富，重點是耐心。

投資多年的人已有個僵化的印象，以為投資最關鍵的因素

是時機，也就是進場的時間點，這個說法基本沒有錯，但時機是一個概況的敘述，且不同投資產品有不同屬性，例如股票和房地產，就有很多不同的特性。

許多人想追求完美的買賣點，太講究完美的進場低點、絕佳的賣出高點，為了找到這兩個絕美的時機點，反而錯失了參與投資的機會（低點不敢買，高點捨不得賣），損失更大，就像有人形容擇偶像挑石頭一樣，愈挑愈小，有些人總覺得曾經滄海難為水，眼前的小石頭不要也罷。

再次強調，阿甘投資法是一個簡單、適合多數投資人的投資方法，可以解決很多人在投資上的困擾，但在你決定使用前，有些事項要提醒。

投資股市一定會遇震盪

第一，因為美國道瓊和標普 500 是代表一個股市的縮影，長期報酬高於公債（2000～2008 年 2 次股災期間，是公債的大多頭，當時公債優於股市，是少見的例外），但股市的波動較大，所以要先了解自己是否能承受波動。

例如 1970 年代的石油危機、2000 年的高科技泡沫，以及 2008 年金融海嘯，每隔一段期間，都可能有突發事件引發股市重挫，所以不能只看 20 年下來成長的美好結果，而忽略了過程中令人難受的顛簸，如果超過自己所能承受，很容易在曙光

出現前的轉彎點出場，十分可惜。

其次，從表 2-1 可以看到，一開始投資就碰到石油危機，1973～1974 年股市下跌了 45%，僅次於 1929 年的經濟大恐慌，而 2000 年的高科技泡沫，是排名第三的災難。如果經歷壞的年代都能通過考驗，代表阿甘投資法可行，但問題是，45% 跌幅的虧損，是否在自己的承受範圍之內，這點值得注意，雖然是短期現象，市場終究會彈回，但很多人就在這個短期中因恐慌而離場。

簡單如巴菲特所說，如果你無法承受股市下跌 50% 的心理準備，就不應該進入，想要享受股市的獲利，又無法接受這麼大的劇烈波動，是不是有別的方式？當然有，利用股債共舞和資產配置就可以做到。

第三，阿甘投資法跟市面上所說的投資成本平均法（定時定額投資），還是有一點不同，雖然都是不管股市漲跌，持續性的投資，但最大不同點是，多數投資機構對投資標的沒有嚴格限定，彷彿一套投資方法適用所有的基金，但阿甘投資法只嚴格選定美國道瓊工業指數和標普 500，勉強可以做第二種考量的是全球 ETF 及全球股債混合 ETF。對台灣投資人而言，可以考慮和台灣 0050 混搭，這個部分另有章節討論。

第四，一般鼓吹的定時定額或定時不定額等平均投資成本法，未必適用於單一股票的管理，因為公司有可能破產，基金

會好一些，但也不是所有的基金都適用，還是要做足功課，了解不同種類基金的投資屬性，謹慎篩選。

第五，投資基金應選風險分散型（Diversified Fund），許多人不知道共同基金還有非風險分散型（Non-diversified Fund），這類基金可以將 50% 資金重押在一支股票上，成功固然美麗，那誤判呢？Grand Prix 基金即是一例，1998 年漲 133%、1999年漲 147%，績效足以進排行榜前十名，最高時淨值 74 元；2005 年 9 月基金淨值不到 7 元，基金解散時大概只有 6 元。

可見不是所有的基金都適用定時定額投資法，和標普 500指數相比，基金的安全度天差地別，如沒人指導如何挑選基金，標普 500 指數是一個不錯的選擇。

股市跌 10% 是加碼點

第六，表 2-1、2-2 例子，每年投資 5,000 美元，20 年下來，每年在最壞的時機進場（買在最高點），10 萬美元的本金成長到 40 萬美元，年複利報酬率約 14%；每年在最好的進場時機（買在最低點），則成長到 50 萬美元，年複利報酬率約 15%。不知你有沒有注意到，同期間股市並沒有那麼好的報酬，這是不間斷投資的成果，因為有逢低補進，再加上股市長期呈現成長趨勢的本質，而發揮的功效。

第七，投資老手都未必能克服貪、怕的心理恐懼，而定時

阿甘投資法 不看盤、不選股、不挑買點

定額的投資成本平均法卻可以克服，連投資大師彼得林區為了闡揚此觀念，特地做了這樣的計算：1940 年 1 月 30 日一次性投入 1,000 美元在標普 500 指數內，52 年後會成長至 33 萬美元左右。但是如果每年持續固定在 1 月 30 日投資 1,000 美元，52 年後這 52,000 美元的投資本金，會成長至為 355 萬美元。

更驚人的是，如果股市每次下跌超過 10%，機不可失，增加 1,000 美元的投資；在這 52 年當中，一共有 31 次機會，總投資本金將達 83,000 美元，52 年後，本利和將高達 629 萬美元。

所以與其花時間找長生不老藥，尋找美股的高低點，不如使用大師彼得林區這個 10% 加碼法則，可以分批進場，下跌幅度愈大，資金比例愈重，至於分幾批，請參考後面關於台股景氣燈號進場方式的內容敘述。

2-11

◤ 靠資產配置，為阿甘投資法加分

　　我們前面呈現了這麼多不同時期風貌的阿甘，不管選擇哪一個最壞的時期進場，甚至是連續倒楣 20 年，都在最高點那天進場的阿甘，20 年下來都可以獲利（表 2-1 的 1970 ～ 1989 年，表 2-3 的 2000 ～ 2019 年）。

　　再次用不同數據檢驗，每年投入 5,000 美元，這次刻意選擇投資年份結束在 2008 年金融海嘯那年（表 2-12，1989 ～ 2008 年）。在金融海嘯崩盤前夕，連續在最壞時機進場的阿甘，19 年下來（1989 ～ 2007 年）資產成長至 214,509 美元，2008 年突來的金融海嘯，資產縮水到 135,876 美元；在最好的時機進場，累積至 2007 年的資產為 270,743 美元，在 2008 年跌幅也很重，一個股災變成了 173,471 美元。

　　如果剛好阿甘不幸是在 2008 年那年退休，相信那時候的心情一定是忐忑不安，而且非常的失落，多年來美好的辛苦成果，一夕之間損失了近半，這種危險有沒有什麼方式可以避免或改善呢？

阿甘投資法 不看盤、不選股、不挑買點

有的，那就是所謂的「資產配置」，這是 3 位諾貝爾獎得主的重要理論，目的是利用資產配置來降低投資組合的波動度，一般而言資產可分為 5 類：股票、公債、房地產或房產信託商品、黃金及現金。一般投資人並不需要如此複雜，簡單的使用股債共舞，就可以處理 80% 的股災危機事件，而且有不錯的績效。

資產配置不需太複雜

例如我在 2019 年出的第四本書《為什麼你的退休金只有別人的一半？》，就提出了超保守投資組合，這個組合的特性在 2000 年高科技泡沫和 2008 年金融海嘯中，不但沒有虧損，甚至還獲利，可以讓 2008 年退休的阿甘大鬆一口氣。

資產配置可以做的很複雜，也可以非常簡單而有效的管理運用，我特地寫了 2016 年出版的第二本書《你沒學到的巴菲特：股神默默在做的事》，整本書都在介紹資產配置，有興趣的讀者可以參閱。

巴菲特幾年前的遺囑顯示，他交代家人除了奉獻出去的資產以外，將個人的資產 90% 放在標普 500，也就是我們整本書講的投資標的。2 年前，我接受媒體「下班經濟學」的訪談時，介紹了資產配置中「股債共舞」的策略和做法，有一位觀眾在視頻下面留言，提到：「闕先生資產配置的做法落伍了，巴菲

特在遺囑當中告訴家人資產 90% 放在標普 500，10% 放在短期公債或現金。」

巴菲特的 10% 資金，夠他家人用上 10 輩子，完全可以忽略股災造成投資的短期間衝擊，而歷史證明，長期超過 30 年的投資，幾乎沒有一項投資工具的報酬超過股票，所以上面的設計符合巴菲特和他家人的投資規畫，但這位觀眾有 30 年不受股災衝擊影響的本錢和心理準備嗎？如果你看過第四本書中大量呈現的數據，你就會了解「超保守」投資組合，對股市在相對高點時的適用性。

2020 年截至 3 月 13 日，書中的「超保守」投資組合不但沒有虧損，還獲利 1%，對比台股下跌 16.5%，你覺得如何？所以不是資產配置落伍了，是那位觀眾還未曾見過股海的波濤洶湧。

細心的你可以發現，基本上阿甘投資法和巴菲特的投資思維非常接近，不同的是，巴菲特做了資產配置的戰術運用，雖然他不認同效率前緣這種數字理論，但不可否認，資產配置有一定的效果。

小資族輕鬆養大財富

阿甘和巴菲特思維兩者接近，不同的是巴菲特的 10% 現金已經是非常強大的實力網，一般人沒有這種實力，所以理財規

1989 ～ 2008 年最壞時機進場的例子

每年投入 5,000 美元，假設 20 年每年都在最高點的那一天進場，20 年下來累積資產為 135,876 美元。

高點日期	累積投資（美元）	12/31 帳戶價值（美元）
1989/10/09	5,000	5,112
1990/07/16	10,000	9,384
1991/12/31	15,000	16,854
1992/06/01	20,000	23,311
1993/12/28	25,000	28,823
1994/01/31	30,000	32,974
1995/12/13	35,000	49,404
1996/12/27	40,000	65,402
1997/08/06	45,000	89,509
1998/11/23	50,000	118,795
1999/12/31	55,000	146,270
2000/01/14	60,000	135,323
2001/05/21	65,000	125,715
2002/03/19	70,000	100,809
2003/12/31	75,000	134,354
2004/12/28	80,000	154,281
2005/03/04	85,000	166,542
2006/12/27	90,000	197,995
2007/10/09	95,000	214,509
2008/05/02	100,000	**135,876**

資產縮減造成心理負擔 (表 2-12)

1989 ～ 2008 年最好時機進場的例子

每年投入 5,000 美元，假設 20 年每年都在最低點的那一天進場，20 年下來累積資產為 173,471 美元。

低點日期	累積投資（美元）	12/31 帳戶價值（美元）
1989/01/03	5,000	6,681
1990/10/11	10,000	11,994
1991/01/09	15,000	21,823
1992/10/09	20,000	28,781
1993/04/26	25,000	37,307
1994/04/04	30,000	41,729
1995/01/20	35,000	62,914
1996/01/10	40,000	83,245
1997/04/11	45,000	114,111
1998/08/31	50,000	151,291
1999/01/22	55,000	185,897
2000/03/07	60,000	171,097
2001/09/21	65,000	159,347
2002/10/9	70,000	128,679
2003/03/11	75,000	172,028
2004/10/25	80,000	196,638
2005/04/20	85,000	211,253
2006/01/20	90,000	250,457
2007/03/05	95,000	270,743
2008/11/20	100,000	**173,471**

科技泡沫

金融海嘯

阿甘投資法 不看盤、不選股、不挑買點

畫應該分為兩階段，紀錄顯示只要超過 30 年的時間，很難有投資績效超過股票，為了避免在退休時遇到股災，阿甘在退休前 5 年，應該開始利用資產配置保護資產，如此一來有 5 年緩衝期，例如 2008 年金融海嘯發生後，20 年下來阿甘的投資依然獲利。

有些讀者距離退休只剩 20 年，阿甘投資法要縮短成前 15 年採用第一代的阿甘往前衝（只投資股票），後 5 年進入第二階段，採用漫步的阿甘（搭配資產配置），避免遇到黑天鵝。當然，如果你擁有超過 30 年時間可以投資，心理認知也夠的話，可以盡情享受奔馳在股海，這個資產配置的概念，是彌補衝刺但沒有防守的阿甘，擔心在退休路上有前功盡棄的挫折感。

把這兩個階段的阿甘結合，就是很均衡的投資做法，表 2-12 的 1989～2008 年，可能是美國一個最壞的年代，在經濟不好的情況下，阿甘長期投資 20 年都還是有獲利。

我再提出第二個表格（表 2-13，1980～1999 年），這是美國表現亮眼的黃金 20 年，每年 5,000 美元，20 年總共只有 10 萬美元的投資，就算每次都買在最高點，20 年來可以產生 769,519 美元（約台幣 2,300 萬元）；每次都買在最低點，連續 20 年可以獲得 107 萬 2,731 美元（約台幣 3,218 萬元），而你有機會落在這兩者之間。

10 萬美元本金可以拚出 70 萬～ 80 萬美元，而且是每年付 5,000 美元（約台幣 15 萬元），這是多數小資族可以做到的，這也是我們在強調第一桶金的重要性。

退休前 5 年做好資產配置

這個章節之所以在改版時推出，有重要作用，除非你的各種資產足夠，要不然在當今時代，黑天鵝來時，接近退休的前 5 年，有一個防禦的資產配置比較好。

走筆至此，要大家思考，若現在遇到世紀股災，資產少一半，你該怎麼做？如果你有答案，恭喜你，你閱讀後多了些思考，知道阿甘在股災時如何應對，又或者有不同的思維——進行資產配置，這部分我在第二本書有詳細介紹。如果碰到股災又面臨退休，才要進行資產配置，有點太慢，建議往後延幾年再做資產配置規畫，讓奄奄一息的股市回到軌道，因為巴菲特曾說：「打曲棍球要看球往哪裡移動」。

投資也是如此，市場下一個移動方向，比上一個發生的事情更需要你關注，金融海嘯後，許多人因為受到傷害而逃離股市，但有另一群人的做法是繼續留在股市，甚至逢低加碼，因為他們認為股災後，股市超跌之後的反彈，才是接下來正確的移動方向。

有一句成語叫做魚與熊掌不可兼得，台灣話也有一句俗語

每年投資 5,000 美元，20 年最少賺

1980 ～ 1999 年最壞時機進場的例子

每年投入 5,000 美元，假設 20 年每年都在最高點的那一天進場，20
年下來累積資產為 769,519 美元。

年份	高點日期	累積投資（美元）	12/31 帳戶價值（美元）
1980	1980/11/20	5,000	5,113
1981	1981/04/07	10,000	9,457
1982	1982/12/27	15,000	16,098
1983	1983/11/29	20,000	23,812
1984	1984/01/06	25,000	53,838
1985	1985/12/16	30,000	73,164
1986	1986/12/02	35,000	88,677
1987	1987/08/25	40,000	93,585
1988	1988/10/21	45,000	110,759
1989	1989/10/09	50,000	146,325
1990	1990/07/16	55,000	140,609
1991	1991/12/31	60,000	180,665
1992	1992/06/01	65,000	197,140
1993	1993/12/28	70,000	205,793
1994	1994/01/31	75,000	205,652
1995	1995/12/13	80,000	288,911
1996	1996/12/27	85,000	369,897
1997	1997/08/06	90,000	492,371
1998	1998/11/27	95,000	637,037
1999	1999/12/31	100,000	**769,519**

76.9 萬美元，小資族也辦得到！ (表 2-13)

1980 ～ 1999 年最好時機進場的例子

每年投入 5,000 美元，假設 20 年每年都在最低點的那一天進場，20
年下來累積資產為 1,072,731 美元。

年份	低點日期	累積投資（美元）	12/31 帳戶價值（美元）
1980	1980/04/21	5,000	7,194
1981	1981/09/25	10,000	12,243
1982	1982/08/12	15,000	21,330
1983	1983/01/03	20,000	30,979
1984	1984/07/24	25,000	73,879
1985	1985/01/04	30,000	100,000
1986	1986/01/22	35,000	120,614
1987	1987/10/19	40,000	127,811
1988	1988/01/20	45,000	150,266
1989	1989/01/03	50,000	198,264
1990	1990/10/11	55,000	190,026
1991	1991/01/09	60,000	244,065
1992	1992/10/09	65,000	264,614
1993	1993/04/26	70,000	297,756
1994	1994/04/04	75,000	295,861
1995	1995/01/20	80,000	415,172
1996	1996/01/10	85,000	521,716
1997	1997/04/11	90,000	687,775
1998	1998/08/31	95,000	889,920
1999	1999/01/22	100,000	**1,072,731**

阿甘投資法 不看盤、不選股、不挑買點

叫做有一好沒兩好，英文類似的說法是 trade off，意思是你必須拿某樣東西換取某樣東西，簡單來說，投資工具那麼多，你很難找到一樣工具在任何情況、環境下都能適用，了解投資的全貌，做出適當決定，必須要有自己的投資哲學。

許多媒體一直不停找尋最棒的投資方式，不停挖掘投資達人的祕訣，就好像女人的衣櫃永遠少一件衣服，過多的投資工具造成投資人眼花撩亂。這本書希望聚焦在台灣和美國最優質的 ETF ──標普 500 和 0050，書中選擇了不同時期檢驗阿甘投資法，最壞及最好的例子，在在證明只要給予 20 年時間、每年 5,000 美元，就能走上致富之路。

幾乎每個小資族都可以做到，就算是在最壞的時間點進場，你依然獲利，唯一美中不足的，就是你在退休時碰到了股災，多年的辛苦可能在瞬間受到重挫，彌補之道，就是在退休前 5 年啟動資產配置的匣門，就可以品嘗阿甘投資法的甜美果實。

2-12

▼ 別讓銀行安全假象，搶走你的財富

網路上流傳，有人搶劫銀行，舉起槍向大家說：「錢是銀行的，命是自己的。」許多人聽了因此乖乖配合，寓意是這年頭做什麼事，都要懂得心戰喊話，打動人心才能有所共鳴。有些人看了這章節的標題，或許認為標題寫錯了，這年頭只聽到民眾搶銀行，沒有聽過銀行搶民眾的。

搶，有合法的，有非法的；有你知道的，有你不了解的；有光天化日的搶，有暗地的搶。不管你有什麼理由，搶銀行都是違法的，但如果銀行搶了你，一點都不違法，只能怪你沒有理財能力，投資其實也是一種沒有炮聲的戰爭。資金是武器，理財知識和能力則是決定你勝負的戰術。

戰爭是不文明的掠奪侵占，投資則是比較文明的戰爭，但既然是戰爭，就有勝利和失敗的一方，你站在哪一方呢？

銀行不是慈善事業

1987 年我在美國發表了第一篇專欄，主編對我其中一段分

析特別有感覺，冠上了一個引人的標題：「錢放在銀行還是會虧損」，因為美國所得稅重，利息所得要繳稅，再加上通貨膨脹的侵蝕，表面上錢存在銀行好像得到了利息，在通貨膨脹下，實際上是打平或虧損。

因為是發表在週刊上，留有作者的電話號碼，出刊那天一大早就接到中國城某家銀行的董事長來電，表面上說是切磋請教，實際上是有點抱怨，他說：「你這樣的分析和報導，那誰還敢存錢在銀行？」其實他過慮了，你說哪家銀行現在資金短缺？許多銀行是存款過多，卻不一定找到好的放款標的或對象，資金不放貸出去就無法獲利，也無法賺錢付你存錢的利息。

舉例來說，你的短期定期存款可能利率 1%，銀行放貸出去的利率有抵押者可能 2.25%，沒有抵押的利率更高，等於是用你放在銀行的錢去賺錢。銀行不是慈善事業，賺錢理所當然，怎麼會說是搶了你的錢？我曾看過一家銀行的廣告，標題是「致富的吸引力」，但是在這麼低利的環境下，多個 0.2%，可能致富嗎？發得了財嗎？

但銀行也不是教育機構，沒有義務為你做理財教育的分析和指導，當許多人把長期閒置的資金放在銀行時，這不是致富的開始，而是通膨侵蝕財富的開端，就像我們前面所說溫水煮青蛙，可能在你最需要的時候，才發現錢怎麼變小了？

如果你有一筆鉅額財富，微薄的利息都足以提供你舒適的退休生活，這就另當別論，要不然通膨透過銀行這個平台，戴上了安全的面具，進行一場沒有炮聲，但財富轉移的戰爭，如果你是知識份子，有足夠的閱讀能力卻懶得理財，那你是咎由自取，無法怨天。

你懂得如何合法搶銀行嗎？

銀行其實也想說：「色不迷人人自迷」，他們沒有想搶你錢的意圖，反而提供了方便交易的平台，只是你自己沒有理財的概念和能力，錯用了銀行這個善良的平台，就像每個家庭必不可少的菜刀，可以藉刀來烹飪料理，飽腹家人，用之不慎也會傷人。那麼如何借重和運用銀行這樣善良的工具呢？

首先，要準備家庭短期需要用的 6 個月生活費，或最多 1 年，當然你還需要有一個完善的保險規畫，多餘的資金，就應該進入 0050 或 0056 這樣一個工具。以 0050 目前的殖利率，高於任何一家超過 15 年期的公債利率，這樣的利率不會比你銀行定存低，為什麼不考慮呢？就算考量安全性，台灣最好的 50 家企業的組合，安全度不見得會輸給銀行。

最重要的，你要脫離貧窮得建立財務分身，你的理財投資中，工具一定要有成長特性的元素，0050 就有這樣特質，當然標普 500 更理想。

如果你需要更高的股利收益，可以混搭 0056，兩者混合後，基本可以提供大約 5% 的殖利率，每年從本金提取 5% 的費用，用來做退休生活的補助支出，同時還有股價成長空間，但因為 0050、0056 還是股票組合的性質，所以不能買貴。

　　如何不買貴，在第三個單元會有詳細的介紹，最重要的是，你要先認清楚，銀行是短期資金最佳的停靠地方之一，對中長期閒置資金來說，銀行的「安全」只是一個假象，而這個假象就是銀行不動聲色搶劫你，而你在 20、30 年後發現被搶了，你的存款利率抵不過通貨膨脹，這只能怪你，因為知識是理論也是財富，沒有理財知識，你哪有能力在這場文明戰爭中安身立命！

　　如果你看清了本質，了解投資工具的特性、理財運作的機制和環節，想要早日獲得財務自由，我用這本書和你分享，我怎麼搶銀行（致富）的經驗。不過別擔心，我們的方法一則合法，二則符合銀行的期待，我搶得愈多，他們熱情的雙手握得愈緊，擁抱得更熱絡，因為是三贏的局面，連政府都樂觀其成。

　　但天下沒有白吃的午餐，你還是需要充分了解本書的論點和做法，這做法符合了簡單、安全和有績效，當然最好能活用資產配置的觀念和策略，也需要一點膽識和周全的規畫。

2-13

▼ 開立美股帳戶，海外投資不難

　　有些投資人想要投資美國市場，卻不得其門而入。地球村的時代，要在美國開個戶頭進行投資，比你想像中的簡單，而且許多公司的網頁都已經有中文介面，投資人可以很方便的填寫表單，有些公司甚至成立了亞太服務中心，讓台灣、香港和中國大陸的投資人，可以用中文溝通，投資美國，真的沒那麼難。

　　繼續我會介紹幾家網站有中文介面的美國券商，減少投資人在這方面的搜尋時間，但開戶之前，要先了解美國投資市場的一些規定、運作和注意事項。

　　美國券商一般有兩個平台，一是財務顧問的平台，二是一般大眾的交易平台，美國是一個相當注重分工專業的國家，許多投資人是透過全權委託進行投資。例如，財務顧問平台可以一次購買 10 萬股（100 張）的台積電，再分配到上百個對台積電有興趣的個別客戶，提供這類服務的折扣券商，最著名的有3 家，分別是富達（Fidelity）、嘉信（Charles Schwab）、德美利

證券（TD Ameritrade，已被併購）。

這 3 家中以嘉信比較注重開發華人市場，同時是股票上市公司，算是老字號券商，原本交易費用要比其他證券行高，但這幾年已經下降，內部控管可能做得最嚴謹，開戶時，有些公司還會要求填寫 W-8 表格（美國人處理稅務時要填 W-9 表格，取得納稅人的社會安全號碼，相當於台灣的身分證號碼，而 W-8 表格是給非美國居民使用，告知你是外國人，得以免繳資本利得稅），且必須手寫郵寄，任何一點小差錯都會被要求重新再來，這是比較嚴謹的做法，各家規定不太一樣，開戶前先詢問清楚。

不必過度計較交易費

史考特（Scottrade）原本是近幾年的後起之秀，以低價搶攻市場，並開發了財務顧問的交易平台，在某些方面和嘉信是競爭者，有趣的是，史考特的基金交易作業是透過嘉信進行，所以是既競爭又合作。2018 年 TD Ameritrade 併購了史考特，這是步好棋，當時我心想嘉信怎麼會讓這塊肥肉旁落他人呢？2020 年改版的此刻，嘉信又併吞了 TD Ameritrade，原來螳螂捕蟬，麻雀在後，這更是高招。

順帶一提，併購經常是美國企業重組再生，往前推進的動力。當年華人陳士駿所創辦的 YouTube，賣給 Google 時，還未

找到獲利的商業機制，當下有人懷疑，買下不賺錢、但是有一堆會員的 YouTube，能幹嘛？如今看起來這個併購實在太棒，YouTube 已找到了廣告獲利的機制，併購不一定是仙靈丹，但在美國，成熟的大公司經常併購中小型充滿活力的企業，讓組織老幹、新葉同時發展。

表 2-14 列的 2 家公司，都有中文網頁介面，如果必須依靠中文介面的開戶說明，以嘉信和第一證券為優先考量。此外，雖然富達公司沒有中文介面，也是一個很不錯的交易平台，也有許多華人喜歡在盈透證券（Interactive Broker，簡稱 IB）開戶，因為 IB 融資低利率，非常有競爭力。

值得推薦的美股開戶平台 (表 2-14)

公司名稱	網站	股票交易費	基金交易費
第一證券 First Trade	www.firstrade.com	免費	免費
嘉信 Jx Charl es Schwab	chinese.schwab.com	線上交易 0 元，自動電話交易 0～5 美元，股票經紀人協助 0～25 美元	基金交易費有好幾種類別，部分可免交易費

總結的說，選擇適合自己的平台，許多人花太多時間在比較交易平台，幾塊美元差異的交易費，不是投資成敗的關鍵，成功的投資，還是著重在正確的觀念和策略，特別是阿甘投資法，很少需要進出交易，再說美國券商由於競爭激烈現在購買 ETF 基本上都免交易費，安全性也都在一個水準以上，不需要太糾結於券商的選擇。

挑一個自己覺得容易溝通，和舒坦方便的平台即可，不喜歡再更換就是，花時間把書中討論觀念的地方，多看幾遍才是贏家關鍵！

認識美國重要金融機構

網站的開戶表格會有一些法規的解釋，但介紹太過詳細，不是本書重點，簡略介紹以下幾個組織機構和運作。

1. 美國證券交易委員會（SEC）

管理證券投資的主管機關，對美國證券的秩序維護表現相當不錯，跟美國食品檢驗管理局 FDA 同負盛名，但是仍有業者，特別是華人社會，在廣告上刊登基金，卻沒有通過註冊。如果沒有註冊登記，又無人檢舉，通常就成了漏網之魚，所以就算一個基金或 ETF 的績效再好，沒有在 SCE 註冊登記，就不需要考慮。

2. 美國金融業監管局（FINRA）

這是你選擇券商必須考慮的認證，直接跟基金公司購買，由於基金公司不是證券行，無需加入 FINRA，但並不代表基金公司有安全疑慮，例如先鋒基金公司（Vanguard），全美國有上千家基金公司，都無需加入。

3. 證券投資人保護公司（SIPC）

這家公司是在 1970 年由券商出資成立的非營利機構，讓每個客戶最高有 50 萬美元的保護金，也就是如果你選擇的證

透過複委託也能投資海外

投資海外市場（包括美國），還可透過複委託的方式，全名是「受託買賣外國有價證券業務」，意思就是透過國內的券商，到海外幫你下單買進股票或 ETF，台灣大部分的券商都有此服務，但需收取手續費，以富邦證券為例，手續費為下單的 1%，最少收 39.9 元。

透過複委託投資海外市場的優點是中文介面熟悉，而大部分人最擔心的是如果不小心出了意外，找不到連絡管道，國內券商複委託沒有這個問題，但缺點是手續費較貴，對交易頻繁的人而言，手續費是一筆負擔。

券行倒閉了，你的投資帳戶可以獲得一定的保障，但現在許多投資人帳戶金額遠超這個數字，所以每家證券行都會額外再加保。理賠的次序以 SIPC 先賠償，不足的部分，由券商額外購買的再賠，原則上都沒有安全上的問題。

4. 聯邦存款保險公司（FDIC）

　　成立於 1933 年，是金融機構建立的保險機構，在銀行倒閉時為存款戶提供最高 25 萬美元的保護。因為 FDIC 只針對銀行存款人，股票、基金、公債、保險等產品，都不在保險範圍內，偏偏有些組織同時擁有以上經營項目，所以常會有警告用語，避免投資人誤以為銀行存款保險適用所有的產品。

Part 3

台股 0050
穩操勝算的操作法

看景氣對策訊號，輕鬆買在低點、賣在高點。

3-1

▲ 0050 如何複製標普 500 績效？

　　想想看，全世界百大品牌每年有多家、甚至一半在美國，這些企業在全世界為股東們攻城略地，有這樣的環境和武器，沒有交出任何成績來都很難，所以我非常鼓勵所有投資人在地球村的時代，應該開個帳戶透過美國投資全球。

　　有些投資人一則無法克服語言障礙，二則對台灣的環境比較熟悉，那麼如何利用台灣「限」有的環境來發揮呢？有沒有辦法複製阿甘的投資策略？當然有，0050 的出現，解決了一半的問題──有摔不破的特性，接下來就是如何讓這個工具充分利用台灣股市特性，做更好的發揮。

靠價差每年賺 18%

　　投資達人施昇輝在他的著作《只買一支股，勝過 18%》有些精采論述，呈現了 0050 自 2003 年 6 月底成立以來，到 2012 年這 9 年多的股市投資績效。基於下面幾個理由，這本書值得推薦。首先，施先生在 0050 相對安全的基礎上，利用簡單的

統計分析，抓出了 0050 多數時間價格落在 45 ～ 60 元之間，也相當於鐘擺理論的中心點。

當 0050 跌到 30 ～ 35 元是極佳的進場點，相當於鐘擺的左端，70 元以上又變成了鐘擺的右端，也是 0050 的高價點（這大約是台股在 1 萬點晃動的價格）。

其次，用長線掩護短線，如果短線賺價差沒有成功，也不至於偏離主軸，基本上，施先生在相對低點的安全時期，累積較多的股數，一部分短期看機會出脫，這樣的長短搭配，彌補了台股長線投資報酬目前趕不上美股的缺點，有機會強化 0050 的投資報酬。

但 18% 的年複利報酬並不是一個容易達到的目標，這是靠他多年累積經驗操作的結果，畢竟台股在全球這麼多國家強力競爭下，就算短期可以，長期要保持 18% 的複利報酬，非常困難。

此外，自 2012 年 11 月底後，0050 的價位就沒有低過 50 元，為了提高波段操作機會，施先生用 KD 指標（又叫隨機指標），作為判斷轉折點的重要技術指標，利用超買、超賣的訊號，來抓相對應的高低點，方法相對簡單。一般而言，KD 指標超過 80，進入高檔超買區，數值 20 以下屬於低檔超賣區，所以選擇在 KD 指標 20 以下進場，與鐘擺理論的概念相同，只是施先生運用技術指標來監控。

但這樣的操作模式，每年 10 分鐘可能辦不到，不符合我們所設定的標準，技術分析需要投入較多時間緊密追蹤，且還有一個重要問題，這樣的操作方式也需要經驗判斷，別看台上 3 分鐘，台下可是 10 年功！那有沒有更安全，又符合我們簡單的投資標準，容易遵循操作的方法？

看景氣變化找買賣點

有的，這是我們接下來要介紹的第二本書，也是財經主播邱沁宜的私房筆記，書名是《投資，越簡單越好賺》，她使用的工具和方法達到了我們的要求，也就是具備了：安全、簡單和不差的績效。

她的方法同樣使用代號 0050 的元大台灣 50 這檔 ETF，再觀察國發會每月 27 日左右，所發布的上個月景氣對策信號分數與燈號（通常新聞會刊登，或在 Google 輸入關鍵字「景氣指標查詢系統」可以查詢），執行所謂的「212 買、282 賣」策略。

這個法則不需要強記，我略做講解你就容易抓到操作要領。212 強調的是，當景氣對策信號分數降為上次最高分數的二分之一，且連續 2 次，就可以開始進場。那為什麼是從高點下來修正一半呢？因為不管從技術分析來看，或從台股的年度報酬來看，下跌一半時都是非常嚴重的股災，例如 1990 年台

股下跌 52.9%，2000 年摔了 43.9%，2008 年金融海嘯跌了
46%，都接近一半。

我們常說殊途同歸，不管使用技術分析的指標或年度投資
報酬統計，還是用景氣對策信號來研判，摔下一半通常代表低
點出現，所以簡單歸納說，邱小姐的方法是高點摔下一半，如
果能維持 2 個月沒有下滑惡化，代表低點出現。

邱小姐使用 282 賣股法則，也就是景氣對策信號分數超過
28 分出現 2 次就準備離場，是比較保守的做法，28 分景氣開
始稍微要熱，但還沒有過熱。做法保守也沒有什麼不好，她的
操作不會在最低點進，也不會在最高點出場，而是選擇半山腰
進，然後賣在半山腰，在景氣還不算過熱時，早一點出場也算

景氣對策訊號分數代表意義 (表 3-1)

信號	藍燈	黃藍燈	綠燈	黃紅燈	紅燈
分數	9～16	17～22	23～31	32～37	38～45
景氣對策	景氣衰退	衰退減弱，觀察轉向	經濟穩定	景氣趨熱，觀察轉向	景氣熱絡

說明：
1. **藍燈**：有一首歌叫〈藍色的憂鬱〉，經濟衰退人的心情確實憂鬱，還真有幾分
貼切，就不知色彩學是否也認同。
2. **綠燈**：交通號誌綠燈表示通行，也意味著經濟穩定。
3. **紅燈**：代表警告，景氣可能過熱了。
4. **黃燈**：通常意味著停下來聽、看，代表方向可能轉向。

資料來源：國家發展委員會

台股 0050 穩操勝算的操作法

安穩。

　　以她的心得來操作 0050，從 1995 年 11 月 30 日進場到 2007 年 8 月 31 日出場，累計總報酬是 301.42%，成長了 3 倍，相當於年複利報酬 12.25%，對比大盤的 136% 領先很多。如果換成買進後長抱不動的操作大盤，投資報酬 136%，相當於 7.42% 的複利報酬。

　　這當中有 3 進 3 出從來沒有失手，更重要的是，她避開了 2008 年接踵而來的金融海嘯，如果賺到的資金又在 2008 年谷底再投入，那成績會更加亮麗。

　　為什麼國發會所提供的景氣對策信號，可以有助於抓到股

 邱沁宜的操作心法

212 買股法則

　　當景氣對策信號分數，約略是上一次景氣高峰時，燈號分數最高的二分之一，而且連續出現 2 個月，代表可以開始進場買進 0050。這是從整體經濟角度來切入，因為景氣對策分數包含了幾項經濟學上所謂的領先指標。

282 賣股法則

　　指當該月景氣對策信號分數出現 28 分（不含）以上，而且一連出現 2 個月，代表景氣可能趨熱，可以開始獲利了結。一般而言，景氣穩定的綠燈分數是落在 23 ～ 31 分。

市的頭部和底部，類似鐘擺理論的兩端呢？

因為信號裡的 9 項指標含有領先指標的成分，例如貨幣總計數 M1B、股價指數等。我們常說股價指數是經濟的櫥窗，通常領先經濟反應 3 ～ 6 個月以上，是一個很敏感的領先指標，根據國發會數據顯示，從 1984 ～ 2019 這 35 年當中，有 13 次到達經濟熱絡的紅燈區（指出現景氣熱絡的次數，而非出現景氣紅燈的月份統計），59 次到達經濟衰退的藍燈區，這說明次數不是很頻繁，相對便於管理和有效。

別把馬車放在馬前面

美國人有句俚語，馬車一旦在馬的前面，馬就窒礙難行（*don't put the cart before the horse*），這有點像中國人說的本末倒置、次序顛倒的意義。

在紐約的中央公園，馬車是一個特色，我經過這公園多次，從沒看到馬車會在馬的前面，日常生活中，沒有人做這種前後搞不清楚的蠢事，但談到投資，許多人就會做出這種本末倒置的判斷，甚至用落後指標的數據，來做領先指標的判斷，你不相信嗎？我說個故事。

在我管理投資的工作中，由於客戶是全權委託，加上一開始大家都說明，我們不接受個人分析和推薦，但還是有 2、3 位客戶，偶爾會來電話關心一下，心臟科的 A 醫師就是一個

例子。

　　他打電話來時，通常都是股市摔得一塌糊塗，壞消息充斥在電視和平面媒體的時候，他倒不會過問我買了一些什麼，而是會好心提醒我：「要注意哦！」我管理他的帳戶已接近20年，我一直都不好意思告訴他，通常他要我小心的時候，就是股市接近反彈點了。

　　因為他所接觸到的都是「落後指標」，例如失業率就是其

認識景氣對策信號指標、領先指標

景氣對策信號

　　含有 9 項指標，分別是：1. 貨幣總計數 M1B；2. 股價指數；3. 工業生產指數；4. 製造業銷售量指數；5. 製造業營業氣候測驗點；6. 非農業部門就業人數；7. 海關出口值；8. 機械及電機設備進口值；9. 商業營業額。

領先指標綜合指數

　　是由數項能提前反映景氣變動情況的指標構成，用來預測短期景氣變化，通常領先指標會提前反應經濟狀況，其構成因子有 7 項：1. 景氣領先指標循環波動（不含趨勢）；2. 外銷訂單指數；3. 貨幣總計數 M1B；4. 股價指數；5. 工業及服務業受雇員工淨進入率；6. 核發建照面積（住宅類住宅、商業辦公、工業倉儲）；7. SEMI 半導體接單出貨比。

中之一，如果照他的提醒來管理投資，那成績就很難看了，不過我還是珍惜有 2、3 位這樣的「落後指標」客戶，其實也可以視為我的反向指標，接到 A 醫師電話時，通常都已是寒冬過得差不多了，春天還會遠嗎？所以我也視他們的意見是另外一種領先指標——股市反彈的訊息。

3-2

◤ 用景氣對策信號，賺 0050 價差

　　邱小姐買在半山腰和賣在半山腰的做法，優點是穩健，但是有時間管理投資、波動風險承受力比較高，再想提高投資報酬的投資人，可以考慮從邱小姐半山腰進和出的做法，上下各擴大一個區間，往股底和股峰再推進一些。

　　也就是想辦法買在更低點、賣在更高點，我用景氣對策燈號來解釋如何操作，但進出場的策略有些不同，做法見下面說明。

經濟變動直接影響股市

　　原經建會現改為國家發展委員會（簡稱國發會）提供景氣對策信號，不管是用分數或燈號來表達，都有非常重要的參考意義。

　　股票投資要成功，其實就是買低賣高，如何判讀股價的高低點，基本上有兩大學派，一是所謂的技術分析，考量的是供給和需求的關係，在這 2 個力量的拉扯和消長變化中做判斷，

例如前面介紹的第一本書施先生所用的方法。

第二是所謂的基本分析，什麼叫基本？少林寺的武僧練功時，每天蹲馬步，就是一定要做的功課，缺之不可，這就是基本，以愛情與麵包來做比喻，麵包就是基本的元素，短期可以不要吃，但長期很難沒有食物支撐。

如果用基本分析來判讀股市，股價什麼時候會低？通常是壞消息來的時候，例如欠缺海外訂單、工廠使用率不高等。那股價什麼時候會高？通常是天空看不到一片烏雲、形勢一片大好，經濟逐漸加溫的時候，訂單滿滿，民間游資從銀行定存逐漸往股市移動。所以判讀股市的高點和低點，不是跟著感覺走，而是和經濟榮枯、公司盈餘好壞有關，這跟景氣對策信號有什麼關係？

景氣對策信號編製的目的，參考了美國與法國景氣政策信號制度的想法，做為政策「預警」用，以便政府做經濟決策參考，工商界也可以根據信號的變化，調整營運和投資方向。由於股市的好壞和高低，跟經濟發展、公司營運極為相關，當方向有了變化，就會反應在景氣對策信號，投資人自然也可以用這個信號做為預警用。

根據經建會的資料，景氣對策信號自 1977 年發布以來，編製的經濟指標經過幾次修訂，由原先的 12 項，修訂為目前的 9 個組成項目，景氣對策信號分數是九合一計算的結果，舉

凡長期會影響股價的因素，都在這 9 個項目組合裡。

更何況景氣對策信號裡面的 9 項指標，還包含著非常重要的領先指標，例如外銷訂單（有訂單，工廠才能開工，工廠有收入，員工才能消費）、貨幣總計數 M1B（股市需要銀彈來支持，當銀行定存、游資走向股市時，股市才有活水源頭）及股價指數等。

景氣對策信號管用嗎？空口無憑，實踐是檢驗真理的唯一標準，讓我們用數字來檢驗，看看能不能抓到股市相對的高低點，請注意，這裡說的是「相對」，絕對的高低點還有別的技巧來分析，但不適用於每年只想花 10 分鐘或每季 1 小時理財的朋友。

判斷低點比高點準確

我們用過去 15 年 2 次重大股災來做一個分析，從 1999 ～ 2014 年，有出現 6 次景氣衰退，其中有 5 次波段的操作機會，除了第 2 次發生在 2000 年 12 月長達 15 個月的藍燈，那一次股市高低點大約只有 1000 點的操作（獲利）空間外，其他 4 次出現藍燈（進場）與黃紅燈及紅燈（出場）的高低點差距，約有 2000 點左右的獲利空間，有相當高的準確度。

從數據很清楚的看出，藍燈區及黃藍燈基本上就是台股的低點區域，可以幫助你過濾掉錯誤的進場時間，避免買在高

點，所以黃藍燈及藍燈的判讀有其重要意義。

至於紅燈的判讀比較困難一點，什麼意思呢？藍燈已確定是低點區，但紅燈的出現，未必是指數的最高點，例如 2010 年 7 月底出現紅燈時，台股指數在 7616 點，但 5 個月之後，經濟略微降溫，變成黃紅燈，指數到了 9145 點，在景氣由熱絡的紅燈轉向經濟有降溫跡象的黃紅燈時，指數仍在高點，也就是說股市有延遲效應，紅燈反應高點的靈敏度，趕不上黃藍燈及藍燈反應低點的準確度，所以高點的判讀要擴大一個範圍，就是包含了黃紅燈跟紅燈這兩個區域。

總結的說，用景氣對策信號投資 0050，買在低點比較有機會且容易，想賣在高點，這個難度比較高，光靠景氣對策信號未必足夠，所以搭配技術分析有其參考價值，但不管怎麼說，投資要成功，在操作方法上一定是買低賣高，使用景氣對策信號燈號，最起碼應該做到接近買在低點、賣在相對高點，請注意，這邊使用的是「相對高點」，但這樣的操作方式，可信度跟成功率已經大幅提高。

台灣的散戶有 80% 都是虧錢，代表所使用的工具和方法有問題，很大的原因出在選擇投資單一個股，這是連專家都無法輕易駕馭的投資工具，加上台股近 30 年來沒有辦法突破 12682 點的歷史高點，這是選錯了戰場。

選錯工具和選錯戰場，是台灣散戶多數虧錢，漸漸遠離證

券市場的原因之一。

物盡其用修正策略

　　如果說你不會吃龍蝦，多數人可能都不服氣，廣東人對煲湯和吃海鮮有他們獨到之處，多年前應一位廣東醫師之邀到他家吃龍蝦，才讓我看到不一樣的烹調方式——龍蝦三吃，頭部洗淨後，切開放一塊奶油進入烤箱，中間部位切塊清蒸，尾段則用薑蔥來炒，接下來配上法國麵包，再煲個廣東湯，龍蝦全身都利用到，而且 3 種口味，還真讓我開了眼界。

　　這和邱小姐與我的操作方式有什麼關係？有的，我們剛說過邱小姐的做法是買在半山腰、賣在半山腰，這樣最大的優點是安全、安穩，這就難免要掐頭去尾，邱小姐享受到最精華的那一段，如果碰上股市在區間整理，來回幾次操作是相當滋補又養顏，這就是邱小姐在書中所呈現的 1995 ～ 2007 年 3 進 3出都有收穫的市場情況。

　　但是碰到像 2008 年這樣股災型的狀況，後段因重大股災造成恐慌性股價快速下跌時，未必有機會進場，這和我的做法有所不同，我的做法比較像是那位廣東醫師朋友烹調龍蝦一樣，頭尾多少還想利用一下，也就是上面所說「想辦法買在更低點、賣在更高點」的進出時間，愈接近底部和愈接近頭部，獲利力道都比較猛。至於怎麼做？下一個章節說明。

景氣對策訊號查詢步驟

步驟 1

進入國發會「景氣指標查詢系統」網站（index.ndc.gov.
tw/n/zh_tw#/），並點選頁面中的「景氣指標及燈號」選項。

步驟 2

輸入想查詢的時間月份，即可查到該時段區間的景氣對策
訊號燈。

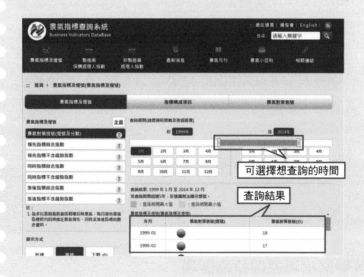

3-3

◤ 調整策略，抓住頭尾行情

　　邱小姐以景氣對策信號分數做為進出場的參考，我提供另外一種方式，以燈號作進出場的考量，並以 2008 年金融海嘯的股災做為檢驗時機點，看看有沒有機會再提高投資效益。

　　若以邱小姐的方式，2008 年 9 月底台股 5719 點進場，至 2019 年底計算報酬（以 282 出場原則來看，至 2019 年底沒有出場機會，見表 3-2），績效約 205.58%（含股利，見表 3-3）。由於是買在半山腰、賣在半山腰，確保了安全，沒有機會買在底部、賺到高點，特別股災出現和結束通常是急跌和急漲的情況，所以邱小姐的方式可能不會在超買區和超賣區有太多表現，龍蝦的頭尾砍掉的似乎多了一點。

改變進出場原則拉高獲利

　　我有 2 種做法，每一種做法又分 2 種方式，第一種做法是以進入衰退的「藍燈」為啟動點，開始購買，分 5 次（A 式）或 10 次（B 式）進場，資金用完為止，或燈號出現綠燈時停止

2008 ～ 2019 年邱小姐 2 次進出場機會 (表 3-2)

212 買

上次景氣高峰時燈號分數最高的二分之一，連續出現 2 個月進場

	上次景氣高峰時間	高點分數	距上次景氣高峰分數下降一半時間	進場分數
第一次	2007/09	32	2008/07	16
	2007/10	32	2008/08	18
	212 分數	16（用 2007 年 9 ～ 10 月 32 分除以 2）		
第二次	2009/11	37	2011/10	19
	2009/12	37	2011/11	16
	212 分數	18.5（用 2009 年 11 ～ 12 月 37 分除以 2）		

282 賣

分數出現 28 分（不含）以上，一連出現 2 次出場

	燈號 28 分以上預備賣出	分數	賣出時間	分數
第一次	2009/11	37		
	2009/12	37		
			2010/1	38
第二次	至 2019 年底沒有		2019/12	

說明：1. 至 2019 年 12 月並沒有賣出的訊號，所以我們用當月的股價預估報酬；2. 燈號時間都會晚 1 個月，所以信號時間和真正進出場時間會差 1 個月，所有計算以實際進出場時間為準，舉例說，2019 年 9 月燈號數字是在 2019 年 10 月 27 日公布。

2008 ～ 2019 年邱小姐 2 次進出績效 (表 3-3)

進場時間	出場時間	股價（元）	報酬（1）	股利率（2）	累計總報酬（1+2）
2008 年 9 月		44.60			
	2010 年 1 月	53	18.83%	12.86%	31.70%
2011 年 12 月		49.81			
	2019 年 12 月	96.95	95%	37.40%	132.04%
合計總報酬					**205.58%**

說明：累計報酬成長計算：（1 ＋ 31.7%）×（1 ＋ 132.04%）－ 1 = 205.58%

（如果資金沒有用完就出現綠燈，沒有用完的資金就保留）。

出現黃紅燈時，開始賣出，分批 3 次出脫，如果資金沒有賣完，黃紅燈或紅燈已經結束，轉成綠燈，在綠燈情況下依然執行賣出的動作，簡單的說，只要有黃紅燈出現，就啟動機制一路「賣完」為止。

第二種做法不同的是，以即將進入經濟衰退的「黃藍燈」為啟動點，開始購買，分 5 次（C 式）或 10 次（D 式）進場，其他操作方式與第一種做法的規則一樣（表 3-4）。

在同樣時間下，用我的方式採取 A 方式操作，2 次進出場獲得的總報酬為 213.75%（見表 3-5），略高於邱小姐的205.58%。從表 3-6 中可以看到 4 種操作方式的不同結果，其中投資方式 C 的績效落後長抱 0050 不進出的結果，原因是 2008年的股災，後半段跌得快，幅度又大，時間也比預期的長一點，就會造成股市還未到底部，子彈就已經用完了。

因此以黃藍燈（即將進入經濟衰退），而不是以藍燈（已經進入經濟衰退）啟動進場，股市進場的次數太少、速度太快，無法應對股災，所以 10 次進場的方式比較穩妥。

總結的說，我和邱小姐的 2 種方法都是經過基本分析，透過景氣對策燈號包含 9 種考量因素，用一個非常有效的方法來過濾進出場時機，已避開了高點進場的殺傷力；到了一個合理的安全點，不管是我的紀律投資，加上操作力道的變化，或邱

小姐脫離谷底不遠時進場，這兩者方式都相對簡單、安全、績效也不差。由於每次股市下跌和反轉方式及力道都不同，兩者成績在某個階段就互有領先。

我因個人的經驗和對股市的理解有較大空間，如果進一步使用「定時不定額」的方法操作，對有經驗的投資人來說，就像有些人吃魚頭，吃到乾淨的程度會讓你訝異，但不會吃的人，會吃到滿嘴都是刺。不過邱小姐的方法適用多數投資人，因為規則相對簡單、清楚。

我這樣的操作方式在經驗的判讀上有很大的發揮空間，用得好，成績比邱小姐來得好，用得不順手、把握不住要領，成績就會輸給邱小姐。可以考慮邱小姐和我的做法予以混搭，找到自己喜歡的操作模式，特點是簡單有效，但每個月要花幾分鐘去檢查景氣對策信號。

改良後的進出場方式 (表 3-4)

進場原則	方式	資金進場次數	出場原則	出場次數
藍燈啟動	A	5	黃紅燈	3
	B	10		
黃藍燈啟動	C	5	黃紅燈	3
	D	10		

2008～2019 年又上財經 A 方式 2 次進出場機會 (表 3-5)

又上財經第 1 次進出場時間					
訊號進場時間	訊號出場時間	信號	分數	方法	
2008/07		藍	16	買進 20%	
2008/08		黃藍	18	買進 20%	
2008/09		藍	12	買進 20%	
2008/10		藍	12	買進 20%	
2008/11		藍	11	買進 20%	
	2009/11	黃紅	37	賣出三分之一	
	2009/12	黃紅	37	賣出三分之一	
	2010/01	紅	38	賣出三分之一	

又上財經第 2 次進出場時間					
訊號進場時間	訊號出場時間	信號	分數	方法	
2011/11		藍	16	買進 20%	
2011/12		藍	14	買進 20%	
2012/01		藍	13	買進 20%	
2012/02		藍	15	買進 20%	
2012/03		藍	14	買進 20%	
	2019/12			全部賣出	

又上財經第 1 次績效（投資 10 萬元）									
實際進場時間	實際出場時間	0050 股價（元）	買進金額（元）	買進股數	賣出股數	賣出金額（元）	報酬（1）	股利率（2）	總報酬（1+2）
2008/08		53.65	20,000	373					
2008/09		44.60	20,000	448					
2008/10		36.54	20,000	547					
2008/11		32.13	20,000	622					
2008/12		32.87	20,000	608					
	2009/12	56.45			866	48,905			
	2010/01	53			866	45,916	39.48%		
	2010/02	51.55			866	44,659		2.60%	**42.08%**

又上財經第 2 次績效（投資 10 萬元）									
實際進場時間	實際出場時間	0050 股價（元）	買進金額（元）	買進股數	賣出股數	賣出金額（元）	報酬（1）	股利率（2）	總報酬（1+2）
2011/12		49.81	20,000	402					
2012/01		51.95	20,000	385					
2012/02		56	20,000	357					
2012/03		54.90	20,000	364					
2012/04		52.05	20,000	384					
	2019/12	96.95			1,892	183,429	83.43%	37.40%	**120.83%**

說明：累計報酬成長計算：（1 + 42.08%）×（1 + 120.83%）－ 1 = 213.75%

2008 ～ 2019 年又上財經 4 種方式 2 次進出場績效 (表 3-6)

進場原則	方式	資金進場次數	進場次別	開始進場時間	全部出脫時間	出場原則	出場次數	報酬(1)	股利率(2)	總報酬(1+2)
藍燈啟動	A式	5	1	2008/08	2010/02	黃紅燈	3	39.48%	2.60%	213.75%
			2	2011/12	2019/12			83.43%	37.40%	
	B式	10	1	2008/08	2010/02			42.16%	2.65%	222.45%
			2	2011/12	2019/12			85.27%	37.40%	
黃藍燈啟動	C式	5	1	2008/06	2010/02	黃紅燈	3	13.45%	2.11%	164.28%
			2	2011/09	2019/12			91.28%	37.40%	
	D式	10	1	2008/06	2010/02			38.25%	2.58%	217.25%
			2	2011/09	2019/12			87.89%	37.40%	

說明：1. 總報酬請見表 3-5 計算說明；B 式、C 式、D 式的 2 次進出場時間表格省略，僅呈現總報酬計算結果。

在大海中為你撈到那一根針

　　湯姆漢克有一部電影「達文西密碼」，每個投資領域也有其專業密碼，沒發現以前，你就像在大海裡撈針，發現後，可能你就不覺得稀奇了，這就是台灣俗語所說的「江湖一點訣」，說破了一點都不值錢。大海中找一艘沉船都不容易，何況是撈一根針。

　　當我以金融海嘯做測試的 4 種進出方式，結果呈現在你眼前時，最好的成績是表 3-6 中 B 案的方式——以藍燈啟動在經

濟衰退時進場，累計總報酬222.45%，也領先邱小姐的205.58%。多數人可能會覺得我以藍燈啟動的方式，分5次或10次進場的績效最為理想，因為結果看起來績效很好，但所謂數字不會騙人，人卻會玩弄數字，許多行業的行銷經常告訴你「正確」的數字，卻不是「完整和全面」的數字。

從事投資，如果只看到片面的數字指引，一方面沒有足夠的用心，二方面沒有這方面的專業，就容易被誤導，如何比較客觀和全面呢？

以一次股災做為測試，基礎點是不夠的，這4種方式，我把時間拉長到了同邱小姐1995～2007年一樣的時間，這接近20年的檢驗期，涵蓋了台股各種不同形態的績效表現，這裡面包含了各種奇怪的股市發展走勢，例如有急漲急跌、緩漲急跌、不漲不跌，如同戰爭的形態，有叢林、沙漠、海洋、高山不同形式戰爭，當一個操作模式能適用各種狀況時，我才能比較敢輕聲地說，這是值得推薦給你的操作模式。

測試結果從表3-7可以很清楚看出，從1995年開始，我這4種使用燈號的投資策略，以黃藍燈啟動5次進場得到最好的績效是300%，接近邱小姐301%的績效（因為0050在2003年以前尚未問世，股利率部分以邱小姐的股利水準做類似推算）。

長達20年的測試時間，4種不同進出方式全部通過了測試，不管是2008年這種急跌緩漲的股災形態，或是1995年開

台股0050穩操勝算的操作法

始區間晃動的股市，這 4 種方式（A、B、C、D）的投資績效
都很穩定且領先大盤不少，而且是在游刃有餘、優雅從容中完
成。總結來說，黃藍燈啟動的結果要優於藍燈，但進場的時間
就必須拉長，才能安全，透過繁密的數字（表 3-8），找到股海
中穩操勝算的做法，為你尋到股海的那根針。

1995 ～ 2007 年又上財經投資績效總表 (表 3-7)

進場原則	方式	資金進場次數	進場次別	開始進場時間	全部出脫時間	出場原則	出場次數	報酬（1）	股利率（2）	總報酬（1+2）	累計總報酬
藍燈啟動	A	5	1	1995/11	2000/04	黃紅燈	3	90.76%	8.48%	99.24%	**197.59%**
			2	2001/01	2004/03			18.01%	7.60%	25.61%	
			3	2007/01	2007/12			12.20%	6.71%	18.91%	
	B	10	1	1995/11	2000/04			70.73%	8.48%	79.21%	**188.28%**
			2	2001/01	2004/03			36.81%	7.60%	44.41%	
			3	2007/01	2007/12			4.68%	6.71%	11.39%	
黃藍燈啟動	C	5	1	1995/09	2000/04	黃紅燈	3	90.66%	8.80%	99.46%	**300.79%**
			2	2000/12	2004/03			19.72%	7.80%	27.52%	
			3	2005/04	2007/12			38.06%	19.52%	57.58%	
	D	10	1	1995/09	2000/04			78.59%	8.80%	87.39%	**294.69%**
			2	2001/01	2004/03			33.86%	7.80%	41.66%	
			3	2005/04	2007/12			29.16%	19.52%	48.68%	

說明：總報酬請見表 3-5 計算說明。

2007 ～ 2019 年景氣對策信號 vs. 0050 股價 (表 3-8)

時間	景氣對策信號		0050 股價 （元）	月底台股指數
	燈號	分數		
2007/01	黃藍	18	56.70	7699
2007/02	黃藍	19	57.75	7901
2007/03	綠	23	56.45	7884
2007/04	黃藍	18	56.90	7875
2007/05	黃藍	20	59.75	8144
2007/06	綠	25	65	8883
2007/07	綠	30	66.30	9287
2007/08	綠	30	65.60	8982
2007/09	黃紅	32	69.35	9476
2007/10	黃紅	32	70.20	9711
2007/11	綠	28	61.80	8586
2007/12	綠	29	61.45	8506
2008/01	綠	29	54.95	7521
2008/02	綠	27	60.85	8412
2008/03	綠	26	60.45	8572
2008/04	綠	27	63.90	8919
2008/05	黃藍	22	62.20	8619
2008/06	黃藍	20	55.00	7523
2008/07	藍	16	52.40	7024
2008/08	黃藍	18	53.65	7046
2008/09	藍	12	44.60	5719
2008/10	藍	12	36.54	4870
2008/11	藍	11	32.13	4460
2008/12	藍	9	32.87	4591
2009/01	藍	9	30.50	4247

方式 A 的進場區

台股 0050 穩操勝算的操作法

時間	景氣對策信號		0050 股價（元）	月底台股指數
	燈號	分數		
2009/02	藍	10	33.05	4557
2009/03	藍	10	36.64	5210
2009/04	藍	11	42.15	5992
2009/05	藍	12	48.00	6890
2009/06	黃藍	17	44.46	6432
2009/07	黃藍	18	49.02	7077
2009/08	黃藍	18	48.45	6825
2009/09	黃藍	20	53.30	7509
2009/10	綠	26	51.65	7340
2009/11	黃紅	37	52.70	7582
2009/12	黃紅	37	56.45	8188
2010/01	紅	38	53.00	7640
2010/02	紅	38	51.55	7436
2010/03	紅	39	54.25	7920
2010/04	紅	39	54.80	8004
2010/05	黃紅	37	50.10	7373
2010/06	黃紅	37	49.55	7329
2010/07	紅	38	53.90	7760
2010/08	紅	38	53.30	7616
2010/09	黃紅	37	57.70	8237
2010/10	黃紅	34	56.00	8287
2010/11	黃紅	32	57.10	8372
2010/12	黃紅	34	61.40	8972
2011/01	黃紅	34	63.00	9145
2011/02	黃紅	34	59.50	8599

方式A的出場區

阿甘投資法

時間	景氣對策信號		0050 股價（元）	月底台股指數
	燈號	分數		
2011/03	綠	31	59.55	8683
2011/04	綠	29	62.00	9007
2011/05	綠	27	62.00	8988
2011/06	綠	25	58.85	8652
2011/07	綠	23	59.90	8644
2011/08	黃藍	20	54.55	7741
2011/09	黃藍	21	51.65	7225
2011/10	黃藍	19	52.20	7587
2011/11	藍	16	48.08	6904
2011/12	藍	14	49.81	7072
2012/01	藍	13	51.95	7517
2012/02	藍	15	56.00	8121
2012/03	藍	14	54.90	7933
2012/04	藍	14	52.05	7501
2012/05	藍	15	50.15	7301
2012/06	藍	15	50.20	7296
2012/07	藍	16	51.10	7270
2012/08	藍	15	52.75	7397
2012/09	黃藍	20	55.15	7715
2012/10	黃藍	19	50.40	7166
2012/11	黃藍	21	53.55	7580
2012/12	黃藍	22	53.80	7699
2013/01	黃藍	19	54.60	7850
2013/02	黃藍	20	55.20	7897
2013/03	黃藍	18	55.10	7918

台股 0050 穩操勝算的操作法

時間	景氣對策信號		0050 股價（元）	月底台股指數
	燈號	分數		
2013/04	黃藍	17	56.40	8093
2013/05	黃藍	19	56.95	8254
2013/06	綠	23	55.10	8062
2013/07	黃藍	20	56.60	8107
2013/08	黃藍	20	55.85	8021
2013/09	黃藍	20	57.15	8173
2013/10	黃藍	21	57.90	8450
2013/11	黃藍	21	57.55	8406
2013/12	綠	24	58.70	8611
2014/01	黃藍	22	57.60	8462
2014/02	綠	25	58.30	8639
2014/03	綠	25	60.10	8849
2014/04	綠	29	61.00	8791
2014/05	綠	24	63.10	9075
2014/06	綠	26	65.95	9393
2014/07	綠	27	66.75	9315
2014/08	綠	29	69.20	9436
2014/09	綠	27	65.30	8966
2014/10	綠	24	65.30	8974
2014/11	綠	25	67.50	9187
2014/12	黃藍	22	66.85	9307
2015/01	綠	23	68.00	9361
2015/02	綠	24	70.30	9622
2015/03	黃藍	22	69.05	9586
2015/04	藍	16	71.45	9820
2015/05	黃藍	18	71.10	9701
2015/06	藍	16	69.40	9323

時間	景氣對策信號		0050 股價（元）	月底台股指數
	燈號	分數		
2015/07	藍	14	66.15	8665
2015/08	藍	14	62.30	8174
2015/09	藍	14	62.40	8181
2015/10	藍	15	63.20	8554
2015/11	藍	15	61.20	8320
2015/12	藍	14	60.75	8338
2016/01	藍	14	59.55	8145
2016/02	藍	16	61.25	8411
2016/03	藍	16	64.65	8744
2016/04	黃藍	17	61.60	8377
2016/05	黃藍	20	63.15	8535
2016/06	黃藍	20	65.45	8666
2016/07	綠	23	68.55	8984
2016/08	綠	25	69.40	9068
2016/09	綠	23	70.95	9166
2016/10	綠	24	72.60	9290
2016/11	綠	26	71.70	9240
2016/12	綠	28	71.80	9253
2017/01	綠	29	73.30	9447
2017/02	綠	28	73.15	9750
2017/03	綠	24	73.70	9811
2017/04	黃藍	21	74.55	9872
2017/05	黃藍	20	76.50	10040
2017/06	黃藍	22	80.40	10395
2017/07	黃藍	22	81.35	10427
2017/08	綠	25	82.95	10585
2017/09	綠	28	81.20	10383

時間	景氣對策信號		0050 股價（元）	月底台股指數
	燈號	分數		
2017/10	綠	23	85.20	10793
2017/11	綠	23	82.25	10560
2017/12	黃藍	22	82.15	10642
2018/01	黃藍	20	84.65	11103
2018/02	綠	24	82.35	10815
2018/03	綠	23	82.95	10919
2018/04	綠	26	80.00	10657
2018/05	綠	29	80.75	10875
2018/06	黃藍	22	81.45	10836
2018/07	綠	26	85.55	11057
2018/08	綠	24	86.95	11063
2018/09	黃藍	22	86.90	11006
2018/10	黃藍	22	77.55	9802
2018/11	黃藍	17	76.75	9888
2018/12	藍	16	75.50	9727
2019/01	黃藍	20	74.35	9932
2019/02	黃藍	17	77.65	10389
2019/03	黃藍	20	79.15	10641
2019/04	黃藍	21	82.80	10967
2019/05	黃藍	18	78.45	10498
2019/06	黃藍	21	80.90	10730
2019/07	黃藍	22	82.80	10823
2019/08	黃藍	20	81.85	10618
2019/09	黃藍	19	84.60	10829
2019/10	黃藍	19	90.10	11358
2019/11	綠	24	91.50	11489
2019/12	綠	27	96.95	11997

3-4

▼ 老二投資哲學，穩健才能常勝

　　如果你能發現以下現象，代表你足夠的用心，在股市或各個領域，都有機會成功。在我提供的進出時間點裡，細心的讀者將會發現，我使用的方式並沒有在 1997 年 7 月底台股指數高達 10066 點時出場，為什麼？因為那年股市不按牌理出牌，信號處在綠燈時股市就開始反轉下跌，這是一個少有的情形。

　　那時燈號是綠燈，景氣對策信號分數是 30 分，再往前跨 2 分，就會進入 32 分的黃紅燈，也就是經濟即將轉入熱絡，啟動我們賣出的機制，做出一個非常完美的雙殺。如果當時能在高點出場，績效就會更加亮麗，但這就是股市，不是科學。

完美的黃金比列

　　如果你還更細心，對股市有足夠的研究，會發現 2005 年 3 ～ 7 月連續出現 5 個黃藍燈，5 月時只要再下跌 2 分，就會達到藍燈，又將啟動我們的機制，相當於股市在 6000 點就會進場，而不至於拖到我們的 7600 點才進場，這中間會多出近

台股 0050 穩操勝算的操作法

25% 報酬，這也是以藍燈進場方法的 A 和 B 兩種方式，績效在 1995 ～ 2007 年落後 C 和 D 的主因（表 3-7），經濟沒有到達衰退的藍燈，就轉向了。同樣的，這是投資，不是科學。

但這兩個進場點，邱小姐 212 買、282 賣的操作方式全掌握到了，如果有經驗的投資人把我們藍燈模式略加修正，把邱小姐的做法帶進來，績效更驚人，這個部分留待有興趣的讀者來做搭配。不過，邱小姐也錯過了一個時間點，是我在藍燈機制下掌握到的，所以說天底下沒有完美的操作模式。

這裡有一點可以提出討論，1997 年 7 月雖然月底台股指數達到 10066 高點，燈號操作者不會在綠燈通行的情況下，緊急煞車出場，那你知道為什麼邱小姐的燈號定在 28 呢？這不是一個隨興取出來的數字，是台股過去 20 幾年區間波動裡，不是績效最高，卻是安全有效的警戒線，這就是股海裡值得你注意的黃金比例。

黃紅燈的分數是在 32，但邱小姐以 28 分定出了出場機制，背後是有足夠的分析，她這本書 2010 年出版，書名強調了簡單，但裡面有不簡單的績效。多數讀者認為簡單，卻沒有好好借重，這本書的實用價值，超過市面上許多看起來很花俏的操作模式，很多讀者卻入寶山而空手回，實在很可惜。

282 這黃金密碼，是一個極有意義的警戒數字，值得喜歡用燈號操作的朋友們參考。使用邱小姐或我燈號進出場方式，

少有失手紀錄，不管是 1995 ～ 2007 年又上財經的 300.79% 報酬，還是邱小姐的 301.42% 報酬，都領先大盤的 136% 許多。

而在金融海嘯期間（表 3-3、3-5），邱小姐的 205.58%，或又上財經 A 式的 213.75%，也領先大盤許多，時間再拉長到 24 年，在黃藍燈啟動進場，成績表現優異且穩健，不管用誰的方式，都有不錯的績效（績效總表整理見表 3-9）。

台灣平地很少下雪，沒有雪地開車經驗的人，不了解打滑的危險，為適應不同天候，美國有所謂的四季型輪胎，台股過

1995 ～ 2019 年 2 種投資方式 vs. 大盤績效 (表 3-9)

大盤	1995/11 ～ 2019/12	價差報酬率	155.22%			
		股利率	133.37%			
		累計	**495.6%**			
邱小姐	1995 ～ 2007	期間報酬	301.42%			
	2008 ～ 2019	期間報酬	205.58%			
		累計	**1126.68%**			
又上財經	方式		A	B	C	D
	1995 ～ 2007	期間報酬	197.50%	188.28%	300.79%	294.69%
	2008 ～ 2019	期間報酬	213.75%	222.45%	164.28	217.50%
		累計	**833.69%**	**829.57%**	**959.19%**	**1,152.17%**

去 20 幾年的投資策略，有沒有這種放諸「四季」皆準的呢？

可以微笑的常勝軍

金融海嘯這段急跌的股災，以藍燈啟動的 B 式，成績是 222.45%，領先大盤，排名第一，老二則是方案 D 以 217.25% 的成績緊追（表 3-6）。再用 1995 ～ 2007 年在股市區間晃動的形態測試，這次排名第一的是以黃藍燈進場的 C 式，績效是 300.79%，第二名是誰呢？又是 D 式，以 294.69% 緊追（表 3-7），關注第一名的人會漏掉 D 式的存在，它適用台股過去 20 年各種形態，以黃藍燈啟動分 10 次的 D 案，幾乎完整有效的在股底布局，原來它就是最後可以微笑的常勝軍。

有讀者問，進場訊號，以黃藍燈啟動和以藍燈啟動，有什麼不同？這是一個非常值得思考和探討的問題，但許多讀者也忽略了，投資是一門科學和藝術的結合，我們常開玩笑說，如果投資是門純科學，全世界最富有的人應該是科學家！

可以說，不同股災，在不同的經濟衰退後，產生的反彈力度和狀況都不同，所以在不同時期，採用不同進出場的策略，產生的績效也可能不同，以上是涵蓋了近 25 年的投資結果，時間不算短，但還不是完全的台股歷史。

也有讀者問，同樣分 10 次進場，為什麼不是選擇股市最低迷時的藍燈進場，而是半衰退時黃藍燈進場績效最好？同樣

的，投資不是完全的科學，德國股神科斯托蘭尼的名言可以略做解釋：「下坡時，肩膀上沒有麥子的人，上坡時，依然不會有麥子。」更何況股價是經濟的領先指標，要等什麼都確定了，機會也消失了。

其實投資人不必糾結在這 4 種方式如何選擇，不管是即將進入衰退的黃藍燈，或者進入衰退的藍燈，都代表股價在相對低點，以這 4 種方式進場，過去 25 年最差的績效，是 B 式 829% 的投資報酬（表 3-9），對比台股大盤的 195%，一樣領先很多。不必力求完美，合理時間的參與，比你尋求完美進出點更重要。

如果你沒有太多個人特殊偏好，或者想做實驗，那麼在即將進入衰退的黃藍燈分 10 次進場，也就是 D 案的投資方式，看起來是一個不壞的進場時機，完美的時機就交給股神去操作吧！

穩賺不賠的獲利心法

施先生、邱小姐和我都建議台灣投資人，使用相同的投資工具 0050，把我們 3 位的心得再做調整或混搭，也就是以邱小姐的穩定基礎——景氣對策信號 212 買、282 賣，先立於不敗之地；有興趣的人再加上我的方法，買在兩個區段，使用定時定額或定時不定額，愈跌時反而愈買，好處是資金會多少分布

在相對低點，這個做法攻擊性比較強，出場時分 3 次，一定賣完為止。

在這個基礎上，還可以利用施先生短線進出的方法，創造額外利潤，他的分析也使用了簡單的工具，交出的成績應該會優於多數的個股投資人，這樣的成功基礎有以下共同特點：

（1）不管是用基本分析或是技術分析，都做了一些過濾，排除了在高點進場的危機。

（2）由於都不是在高點進場，有條件等待股市回頭，也了解是鐘擺理論的現象——在高點後一定會回頭。

（3）都知道有所節制，在接近高點時，不管是用景氣對策信號分數（邱小姐），或是燈號（我的方法），或是 KD 指標的管制（施先生），都在高點區懂得出場，避開了貪的陷阱。

KD 指標因為是技術分析，跟市場交易者的情緒、買賣之間的供需關係有關，進出訊號出現的次數，通常多於基本面的景氣燈號，不過技術分析常有所謂鈍化的現象，也就是在某個階段或當下不靈敏了，有投資達人做了 KD 指標進出的測試，確實顯示有時候鈍化現象很嚴重，確實超乎這本書改版前第一次出書時我的觀察和結果。

KD 指標的判讀，看來需要加一些補充論述，例如在什麼情況下做什麼調整，讓它更周延，想要以 KD 指標賺價差的投資人，可能要多做一點功課，才有辦法操作得虎虎生風，以後

有機會說不定我們專書來討論 ETF 投資策略的比較，這自然是後話了！

（4）不期望進場買在最低點，而是買在「相對」低點，買完之後，可能會有短期的下跌，我們 3 位對股市都有清楚的認知，所以不會驚慌，可以避開「怕」的干擾。在相對合理低點進場，是一個穩當的操作方式，對的方法又可以避開貪怕的干擾，這是一種一定能獲利的模式，放諸四海而皆準。

唯一美中不足的就是所謂結構性問題，1990 年台股在最高

 延伸閱讀

施先生的書，是針對 0050 的操作方式來討論，相當聚焦。邱小姐的書，涵蓋內容相當多，幾乎投資和財務規畫都有涉獵，適合多數家庭參考，方法簡單，可以優先操作試用。

0050 的操作方式，可以依個人喜好調整，或是將資金分成 3 份，分別用上述的操作模式做嘗試，再選出最適合自己的方法。

想了解美股投資，也可以參考畢德歐夫的《美股大贏家》；想對美國整體經濟或社會制度進一步了解，下列幾本書值得推薦：愛榭克的《道瓊 3 萬點》、王伯達的《美元圈套》、龐忠甲的《美國憑什麼》。

點 12682 時，美國道瓊大約 2700 點，30 年過去了，台股還未回到歷史高點，而道瓊已經跨過 2 萬點。簡單的說，美國多數投資人有獲利，台灣投資人多數是賠錢的，在一個大盤指數沒有成長的經濟環境下，你在股市賺來的錢，不全是整體經濟帶動所產生的獲利，只是你比別人抓到了更好的進出點，也就是說你賺的錢可能是別人賠掉的錢，希望哪天台灣股市盡快脫離困境，跟道瓊一樣發光發熱。

3-5

▲ 台股、美股混搭，發揮互補效果

　　不知道你對混血兒的印象怎麼樣，有些人說混血兒比一般人聰明，我以前辦公室有位助理，嫁了個老外，有天帶了一個比芭比娃娃還可愛的女孩到我辦公室，竟然還講了一口標準的國語，那時我才發現，東方女性跟西方男士生下的洋娃娃，特別是女孩子，真的漂亮可愛，反過來的搭配，生下來的小孩或許就沒有這樣的效果

　　談投資，學學美國人利用全世界的資源、人才，成就自己的霸業。台灣投資人也可以用同樣的觀念，利用自己的資金、美國的市場，做一個結合，截長補短。

　　美國股票適合成長（長期投資），台灣股票波動大（可以賺價差），如果把兩者的優點做結合，是一個不錯的投資方法，過去近 30 年來美國雖然曾經面臨了失落的 10 年、發生 2 次重大股災，但實力和國力還是比台灣強，如果台美兩者混合，可以有提攜、防衛的效果。

　　台灣目前經濟發展仍屬於新興國家的一環，照理經濟成長

速度和動力，應該高於經濟成熟的國家，如果哪天台灣這個動力再現，那就是台股反過來照顧美股了，在這一天未來臨之前，台股、美股混合投資，提供了另外一種管理模式的思考，我們來印證一下。

混搭結果提高報酬

先說明一下，改版前我分別用 1989 ～ 2013 年、1990 ～ 2013 年兩個時間，檢驗投資台股、投資美股及兩者混搭的成果，以改版前數字來看結果一樣，單獨投資台股報酬最低、兩者混搭為次，最好的都是單獨投資美股的成績。

改版時，我刻意排除了 1990 年台股歷經 19 根跌停板、從 12682 點摔到 2485 點的重挫（年底再反彈，大盤收在 4530 點），當年高低點的震幅是 80%，年度跌幅是 52.93%，把如此不利比較的年度排除，從 1991 年算起至 2019 年，下面來看看檢驗的結果。

從 1991 年開始測試，把 20 萬美元全部投資到台股，到 2019 年會變成 249,572 美元（這部分沒有計算股利投入），把 20 萬美元全部投資到美股的標普 500（包含股利），到 2019 年會變成 343.7 萬美元，這個差距相當驚人（見表 3-10）。

為什麼表 3-10 中選擇了 1989 年做為另一個測試年份？因為 1989 年台股那年成長了 88%，美國才成長了 31.49%，一開

始有這麼大的差距,照理台股有機會比美股表現得好,但事實不然,近30年下來台股還是嚴重落後美股,可見只有1年或短期優異表現還是不夠的。

這就是巴菲特所說的,找一個濕漉漉的地方,再加上一個足夠的坡度,就可以滾出一個驚人的雪球,美股就擁有滾大雪球的環境。

把台股、美股年底累計報酬加總後除以2,做一個再平衡的動作,賺錢的地方往賠錢的地方移動,以期待來年時賠錢的一方有機會反彈,從1991年投資下來,台股、美股混搭的成績為170萬2,699美元,績效比單一投資在台股好;第二個選擇1989年開始測試的結果,台股、美股兩者混搭成績是195萬7,432美元。

台股、美股單獨投資 vs. 混搭績效 (表 3-10)

年份	台股 20 萬美元	美股 20 萬美元	美股 10 萬美元,台股 10 萬美元,做平衡	
	報酬	報酬	台股報酬	美股報酬
1989 ~ 2019 年	469,195	4,520,205	948,393	1,009,039
			1,957,432	
1991 ~ 2019 年	249,572	3,437,680	824,973	877,726
			1,702,699	

說明:台股部分不含股利再投資。

從上面不同年份檢驗結果來看，混搭則是一個不錯的考量，不論是從股市特性而言，或者資產配置的規畫角度，這個混血兒值得你生一個參考看看！

　　台股跟美股的操作方式一樣嗎？有一些差異，台股就算拿掉 1990 年創歷史高點 12682 點後又滑落的巨幅震盪這一年，近 30 年來台股大盤約成長 1.5 倍，呈現區間震盪的走勢，適合短線操作，相對之下，美國近 30 年上漲約 6.5 倍，短線交易有時很容易離場後，就找不到好的進場點，除非是極端過熱，或價值明顯偏離，一般投資標普 500 應以長線操作為主。

　　以上面 2 個模式來看，台股美股混搭，確實有比單一投資在台股的風險分散，成效也比全部投入台股來得好，值得進行，如果台股部分再以 0050 做上一個章節邱小姐和我、施先生的操作調整，績效還可以再提升。

別只偏重台股市場

　　許多討論 0050 投資試算的文章，就算 0050 每年買在最高價，報酬依然是正數，從成立以來的過去 10 年，或 15 年年化報酬大約都是 7%，不過重點是，0050 在 2003 年 6 月 30 日開始掛牌交易，閃開了 2000 ～ 2002 年高科技泡沫股災，2003 年正是觸底反彈的一年。

　　我個人偏好的是，扎扎實實地回測過去 2 次重大股災（表

1991 ～ 2019 年台股、美股混搭報酬 (表 3-11)

年份	台股報酬率	台股 20 萬美元報酬	美股報酬率	美股 20 萬美元報酬	台股 10 萬美元，美股 10 萬美元，做平衡	
					台股報酬	美股報酬
1991	1.60%	203,200	30.55%	261,100	101,600	130,550
1992	-26.60%	149,149	7.67%	281,126	85,199	124,978
1993	79.80%	268,170	9.99%	309,211	188,949	115,587
1994	17.40%	314,831	1.31%	313,262	178,763	154,263
1995	-27.40%	228,567	37.43%	430,515	120,888	228,838
1996	34%	306,280	23.07%	529,835	234,317	215,204
1997	18.10%	361,717	33.36%	706,588	265,442	299,741
1998	-21.60%	283,586	28.58%	908,531	221,552	363,356
1999	31.60%	373,199	21.04%	1,099,686	384,869	353,986
2000	-43.90%	209,365	-9.11%	999,505	207,249	335,773
2001	17.10%	245,166	-11.88%	880,764	317,939	239,255
2002	-19.80%	196,623	-22.10%	686,115	223,435	217,027
2003	32.30%	260,133	28.68%	882,924	291,366	283,404
2004	4.20%	271,058	10.88%	978,986	299,455	318,652
2005	6.70%	289,219	4.91%	1,027,054	329,760	324,228
2006	19.50%	345,617	15.79%	1,189,226	390,758	378,626
2007	8.70%	375,685	5.49%	1,254,515	418,160	405,812
2008	-46%	202,870	-37.00%	790,344	222,472	259,551
2009	78.30%	361,717	26.46%	999,469	429,724	304,784
2010	9.60%	396,442	15.06%	1,149,989	402,510	422,562
2011	-21.20%	312,397	2.11%	1,174,254	325,079	421,241
2012	8.90%	340,200	16.00%	1,362,135	406,371	432,865
2013	11.80%	380,343	32.39%	1,803,330	469,133	555,532
2014	8.08%	411,061	13.69%	2,050,206	553,710	582,471
2015	-10.41%	368,266	1.38%	2,078,477	508,947	575,924
2016	10.98%	408,698	11.77%	2,323,177	601,990	606,297
2017	15.01%	470,062	21.61%	2,825,111	694,852	734,672
2018	-8.60%	429,629	-4.23%	2,705,549	653,281	684,512
2019	23.33%	529,876	31.22%	3,550,222	824,973	877,726
合計	529,876		3,550,222		1,702,699	

3-11），結果沒有像美股的阿甘那麼美麗，不過每年定時定額或定時不定額，持續有紀律的投資，還是一個正確的方向，未來台股的績效能否超越美股，誰都說不準，如果沒有對美股特別反感，現在透過台灣券商發行的美股 ETF，也可以參與美國標普 500，在台股還無法超越美國之前，多少還加一點混搭吧！

Part 4

存 300 萬第一桶金
助年輕人脫貧的 10 封信

存第一桶金不是夢想，而是必須實現的目標。

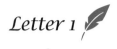

第一桶金來自何方？

興秀：

洛克斐勒曾說過：「如果你把我全身扒光了丟在沙漠裡，只要有一隊商旅經過，我就可以東山再起。」這說明什麼？他已掌握了成功的方法和竅門。

台灣新聞報導，60% 月收入 4 萬元以上的人，還無法存到第一桶金（指台幣 100 萬元，約 3 萬美元），這當中許多人勤奮有為，如果多年來還未擁有第一桶金，代表有思考上的盲點和做法上的錯誤。

今天就想跟你分享一些看法，告訴你幾個方法，未必全部都適用，因為每個人的企圖心和想過的生活不一樣。挑選你適合的，如果你的企圖心和方法都用對，挖到的不只是一桶金，一座金山都有了。

方法 1：不間斷投資自己

說個小故事，我在美國企研所剛畢業時，想利用在台灣開店的經驗，找尋你嬸嬸可以經營的副業，有一次，遇到要賣店的老闆娘也是從台灣來的移民，她問我是做什麼行業？

我說是財務顧問和投資管理者（1991年才取得規畫師執照CFP），她那難以理解的眼神彷彿告訴我：如果你是一個成功的投資管理者，怎麼還需要頂一間洗衣店，可見你還不夠專業。

雖然評估後我沒買她的店，但她那個眼神更激勵我要成為專業中的專業，不過她並不清楚，我專業上的進修和太太的副業管理可以並行，不但不衝突，反而會加速第一桶金的獲得。

專業上的進修我到今天都沒有放鬆，關鍵的技術多懂一點，有時就因那麼一點，就起到決定性作用，不只如此，在專業的鑽研中，你的附加價值——薪資所得也會水漲船高，有些人甚至從專業的觀察中找到機會走上了創業，YouTube創辦人陳士駿就是一例，把影片放在網路上共享，也跟他在eBay的工作經驗和觀察有關，並非一步登天，沒有前面的辛苦工作，就沒有後面的聰明收割。

這樣的例子很多，投資自己和在專業上鑽研，永遠是最好的，許多人在專業上也有這樣的用心，如果還未達到績效，那就要檢討方法和做法。

方法2：創業

如果你成功，創業挖到的不只是一桶金，而是一座金山，但難度最高。成功創業所需要的人格特質，多數人都不具備，

中國大陸企業家宗慶後說：「我認為做企業要有這些素質，特別在中國市場上，那就是詩人的想像力、科學家的敏銳、哲學家的頭腦、戰略家的本領。」

當然未必如此嚴苛，但創業背後的真實面目，經常是伴隨著曲折、苦難和挑戰，如果方法錯誤再加上運氣不好，就算有理念也可能失敗，不但沒有第一桶金，而且還一屁股負債。當然，你如果真有興趣，有不入虎穴焉得虎子的決心，那麼下次來談。

方法 3：經營副業

至於副業，我認為比較簡單，只要投入，抓住幾個原則，最容易看到成效，想獲得第一桶金，應該好好利用，說理論可能印象不深，講幾個實例，你可以藉此發揮運用。

台東是我的故鄉，這幾年池上突然成了熱門景點，特別是金城武樹和伯朗大道，事實上，池上原本就很美麗，經過包裝之後，呈現了不同的風貌。

小時候搭火車，大家都會刻意餓著肚子在池上買便當，為什麼呢？跟池上的米好吃有關。為什麼池上的米好吃而全台聞名呢？有三個特殊條件：第一，黏土的土壤性質，這是其他地區所沒有的；其次，鄉內沒有汙染性工廠，沒有工業廢水，水質優；第三，縱谷日夜溫差大，日照充足，稻米的成長期長。

所以池上米很受歡迎，常供不應求，如果我在外縣市想做副業，這就是可以考慮的產品之一，做一點功課，找出可以合作的農民，契約耕作或代銷，可以先從你的社區開始，如果你還有些樣品，可以告訴鄰居如何煮出好吃的米飯，客戶群不需要多，銷售這個產品每個月多 1 萬～1.5 萬元的副業收入不是難事。這種因地緣關係發現可以經營的副業，也是一個開始。

　　以上產品只是舉例，只要找到好產品，你就有機會發展副業，最好從你有「興趣」和「專業」的項目開始，藉由你的強項往別的產品延伸，如果你所做的研究，別人剛好有需求，就可以建立目標市場的族群。

　　副業能不能成功，常取決於你有多強烈的成功欲望和踏實的行動，舉兩個例子，你知道當年祖父為什麼要開養雞場嗎？因為當年祖母不到 40 歲，縫補衣服時，眼睛就已經無法穿針線，醫生說營養太差，當時祖父是一個軍人，要養育 4 個小孩確實負擔不輕，買雞不如養雞，所以養雞當年是我們的副業，因為這個副業撫養了我們 4 個小孩，也藉此存了一點錢，買地蓋樓，副業比主業做得還成功，因為我們沒有退路。

　　第二個例子，我當年念台北工專時，所有生活費和學費都靠年尾賣聖誕卡，一方面我很享受自食其力的成就感，二方面家裡的經濟也不寬裕，我利用 2 個月的副業，把 3 年的學費和生活費都賺進來了，而且你祖父要買地蓋房子時，還可以帶一

點錢回家，我也滿高興的。

1978 年，也就是我大二那年，聖誕節因碰到中美斷交而變調，大家都到松山機場丟雞蛋，民憤情緒下，整個卡片市場幾乎滯銷，幸好後來廠商體恤收回卡片，要不然照合約，我可能要負擔極大的虧損，當然這都是後話，以後再聊。但不可否認，當時這個副業扮演了正職的收入和功能。

方法 4：節約勤儉

有位窮人想向富人請教致富的道理，富人聽了微笑說：「我願意和你分享，不過請允許我先處理件事。」說著就起身把四周的燈都關了，只留下一盞照明，富人說：「這樣不會妨礙我們談話吧？」窮人回應：「不會，但我也應該向你告辭，因我已知道節儉是可以致富的。」

許多人都想靠著聰明找到簡單的方法，快速地挖到第一桶金，這樣的天之驕子當然有，但很不幸的，致富沒有太多密碼，多數人能夠致富，通常是用剛開始辛苦賺來的所得，進入一個會成長的投資管道，不管是房地產、證券或小型生意，在沒有基礎之前，「勤儉」兩字，扮演了極為重要的關鍵。

在我的客戶群中，我只要第一次面談，大概就可以判斷他致富成功的機會有多大，同樣是醫生的高所得族群，有預算管制和勤儉概念的人，可以將較高的儲蓄轉為投資，比其他沒有

預算管制、隨興開支的人，會更早獲得財務自由。就算是專業人士，也幾乎是這個模式。

如果你周遭朋友已經工作了若干年，10 年之內還無法打造第一桶金——10 萬美元，一定要先檢討觀念和做法，我在寫給剛畢業的小慧的信中也觸及這個問題，這不是只有 22K 的人才需要重視，想想看，第一桶金有多麼重要。

因為當你有 10 萬美元時，不用多，8% 的投資報酬，每年就多 8,000 美元收入（約台幣 24 萬元），相當於一個剛畢業的人，一整年全部的工作所得貢獻給你，原本是你一個人單打獨鬥，有了第一桶金之後，開始有了幫手和分身，這是一個非同小可的改變和關鍵的開始。

千萬不要低估勤與儉在致富上扮演的角色，同時也不要小看「副業」這個小兵可以立大功的角色，特別是在獲得第一桶金這件事上。在不影響正業時間的前提下，有計畫的開始投入，在摸索嘗試中，逐漸累積副業賺來的錢財，建議你投入有成長性又穩健的指數基金，例如台股 0050 或美股標普 500，又或兩者混搭。

你現在剛好處在辛勤工作、累積財富的初級階段，借用馬雲的話：「別在可以吃苦的時候選擇安逸。」我要說的是，別在勤儉持家的階段，選擇了浪費和懶散，你現在就算撿破爛當副業，把資源回收賺來的錢拿去投資（這沒什麼不行，賈伯斯當

年做過,我們當年留學生也都做過——撿別人不用的家具),都要強過你6、70歲,因為財務無法自由而感覺哀怨,那時已時不我與也,千萬別在抱怨和歎息中度過自己的人生。

最後回答你的問題,我是靠上述哪幾項進而達到財務自由的呢?專業、創業、副業和勤儉,這4樣東西我都沒有忽略,都有所收穫和心得,達到財務自由也比預期來得早,所以我希望你年輕時少做幾次SPA,達到財務自由後,你天天可以做SPA!

又上叔叔

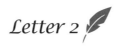
寫給 22K 的你：兩個公開致富密碼

小慧：

　　有人說：「有錢人與窮人的差別在於想法，想法決定了行動，成功的人願意做不成功的人不願意做的事。」

　　你這時代享受了網路帶來的方便，是我們那時沒有的，但成為地球村的公民時，你面對不只和你同齡，還有來自全球的激烈競爭，也是我們那年代所不需要面對的。

　　和你分享一件事，更可以印證這趨勢。美國有家信用卡做促銷，邀請我開戶，3 個月內消費 3,000 美元，贈送 5 萬英里的里程，無獨有偶，一家證券行也邀請我開戶存入一定金額，同樣送 5 萬英里，這相當於有 2 張免費的經濟艙機票：1 張美國亞洲來回和 1 張亞洲地區往返。

　　那天我打電話換票，對方英語流利，但口音很明顯是東方人，態度親切，完成手續後我好奇地問：「你在美國哪一州？」她說在馬尼拉，我一看時間，下午 6 點鐘，老美下班了，亞洲接上來了，美國的勞工有抱怨嗎？美國人面臨全球的競爭也不是第一天了，要生存就得想辦法。

　　每個時代都有他們各自的優勢和挑戰，我們那時接受美

國援助，捐贈的麵粉吃完了，麵粉袋做成內褲，上教堂除了聽牧師講道之外，更關心結束後的生活補助品，當年很追求物質，為了基本的生存。現在更講究心靈，你們一開始就在一個很講究心靈財富的時代，但未來的競爭不見得比我們輕鬆，我們是漸入佳境，以前要挑 100 斤，現在才挑 50 斤，你們可能剛好反過來，未來世界競爭力弱的人，都會「薪」如止水。

既然環境這麼競爭，如果我是你，會用什麼方式快速突破現狀呢？中國的老祖先早已告訴我們密碼，這個連老外都在偷學。

著名的基金管理者，約翰‧坦伯頓（JohnTempton）提到他大學畢業 15 年來，每年存下 50% 的收入，這還真讓我嚇了一跳，因為以一個外國人的消費習慣來看，很少有這麼高的儲蓄力，這個連老中都未必做得到，表示坦伯頓有相當的紀律和自制力，難怪可以成功。

我的實務經驗也可以證明這點，不僅是我，在我客戶中可以快速達到財務自由的人，其實都跟坦伯頓先生的做法非常接近，沒有傳奇，頂多是公開的密碼，為什麼說是公開呢？因為許多人都知道，但做不到。

那密碼是什麼呢？就是透過「勤」與「儉」快速地累積資金，然後投入成長型的投資工具，例如全世界的指數基金，讓

全世界的一流企業家為你幹活，那麼如何具體落實呢？以下是我給你的建議：

1. 有效運用時間

你第一階段需要盡快進入工作狀況，甚至勝任，為什麼要建議住所靠近公司呢？是為了節省通勤時間，每天節省1個小時以上，不論是拿來專業進修、課程學習，或做其他副業，都物超所值，日積月累會產生明顯差距。

你或許會擔心公司附近的房租比較貴，我想你聰明一世糊塗一時，先別說省下了交通費彌補了房租，我再問你：「我們是怎麼認識的？」你應徵了我們民宿的以工代宿，而且表現好，所以延長了1個月做我的特別助理，做一些文稿的整理，不但玩遍花蓮，也學到一些財務觀念，這些觀念可能都會影響你一生，如果當時我們都沒有嘗試，怎麼會有合作的機會呢？

說不定你可以在公司附近方圓10～15分鐘的地方，試著找到以工代宿的機會，或以工降低房租，靠公司近，可以有效運用時間。

2. 充實專業知識

學無止境，而且是幫助你脫離22K重要的憑藉，但每個人時間有限，需要用心找對方法和管理時間。

3. 別計較報酬

學著像海綿般飢渴的吸收，但別像菜販論斤稱兩般計較報酬，把握任何學習機會，太短視地計較酬勞會讓你推掉很多機會，當能力夠時，市場不會虧待你。

4. 儲蓄和投資

每個月最少以 1 萬～ 1.5 萬元的存款投入台美兩地的指數基金，趁著年輕的時候快速搶占第一個灘頭。你沒有看錯，我也沒算錯，只要你願意，接下來告訴你方法：我們先從最大的開支入手，什麼是最大的開支呢？房租，這個項目只要你用心，絕對可以找到方法省下來，如果你被信任，有些家庭提供簡單的環境整理交換住宿，讓我告訴你一個故事。

我有位紐約的朋友，太太因為帕金森氏症不方便，他們在華人圈子徵求以工代宿，每天做一個簡單的晚餐，你猜是誰來應徵？是上海知名大學一位來美國短期交換的學者，這個簡單的家事除了省下房租，還省下餐費，紐約的房租貴，大學教授都願意做，相信你也可以嘗試勝任。

但這不是我希望教導你的，我希望你學習到的是，動一點腦筋和方法就可以有機會免費住宿，不需要每天投入 1、2 個小時，這是什麼方法呢？這是我當年出國前的副業，但賺到接近一般人的全職收入。我當時做法是，租了兩層房子並購買二手

家具，再分租出去，選定的地點在師範大學附近，當時沒有像現在網路這麼方便，布告欄貼滿了廣告，早上貼的可能被下午的蓋上去。

由於我的租屋在市中心，吃住交通都方便，所以不乏承租者，我還記得當年的廣告詞，別人寫的是「吉屋出租」，我寫的是「為你留一盞燈」。

二房東也是一門生意，要做規畫和成本估算，例如購買二手家具，通常最大可利用的空間是客廳，但隔間最好是活動式的，而且考慮成本，我利用衣櫃和書櫃做隔間，再做一個簡單的加工，如果你願意，這個客廳足夠再隔一間給你認識的朋友，以較低的房租出租，房租每個月 3,000 元很有吸引力，條件是有時他可以幫一點忙，例如移動家具。

任何事開始都要摸索，當二房東也有要學習的事，例如給屋主的租金必須準時，只可提前，不可延後，這是信用問題，而且要注意法規及安全，如果你還能參考我們經營民宿的房間布置，有時一個色彩、一幅掛圖，甚至一個燈飾，都可以讓感覺不一樣，用心就可以做出一些市場區隔。

等你有心得，還可以在附近找第二棟，那麼每個月要賺到1.5 萬元的額外收入不是件難事，當然任何事情都有挑戰，你要學著克服，天底下也沒有白吃的午餐，至於更多的細節，可以上網、買書，或請教別人的心得。

5. 飲食健康、省錢

　　建議你有一個專屬的冰箱，再到大賣場採買食材，或許你可以將整個星期一定的量煮好之後，分裝冷凍，前一天拿出冷藏，第二天早上只要很短的時間就可以打理好自己的早餐，比你在外面早餐店買的還要健康，而且省錢。

　　經營餐飲後，我才發現許多加工食品的不健康和危險，年輕時千萬不要因為有條件而糟蹋了身體，要不然以後身體會反過來糟蹋你，就算賺到了錢，也無福消受。自己料理有兩個重點——健康又省錢，有了健康的身體，你所賺到的錢也才有意義和享受，如果你可以在住屋附近找到喜歡的餐廳，看看是否有每天一個半小時的打工機會，這個時間剛好是你省下來的通勤時間，除了有工資以外，還可以節省一餐，說不定還有多餘的可以打包，這樣可以省下兩餐，每個月省下 2,000～3,000 元的伙食費。

　　接下來看看成果：省下 22K 工作收入的 30%，即 6,600 元；省下自己的房租 5,000 元；二房東的獲利 5,000 元；伙食費省下 2,000 元，這樣算下來每個月最少可存 18,600 元，如果你開始駕輕就熟，還有興趣管理第二棟房子，那每個月存下的金額就提高到 25,000 元以上，可以投入台灣 0050 或美國標普 500。這個不起眼的動作可以讓你比更多人快速達到財務自由，這樣的做法很可能 5～7 年，就有機會存到 10 萬美元的第一桶金。

別告訴我時間不夠或這有多困難，這是一個要不要、想不想的問題，我有位朋友，手下管理了 52 戶套房、一間民宿，以及一個農莊，而且還抽空完成了國立大學的博士學位，以上我所提的任何方法都不是理論，都是我親身做過或看到有實效的，當然，你也可以找其他適合你興趣、專長且不影響正職的方法。如果你渴望財務自由，而且享受自食其力的樂趣，你可以參考這些做法。

6. 建立、拓展人脈

不是認識的人多就叫有人脈，跟我一樣來自於台東的一位女性企業家余湘說：「工作上去了解別人，也讓別人從工作上了解自己，這是最扎實的人脈。」不要小看這句話，這點出許多人在人脈上的迷失和做法上的錯誤。

余湘的企業掌握了台灣四分之一的廣告，她一輩子沒有遞過履歷表，總是被挖角，我想她工作受肯定，在為人處世方面也一定有值得學習的地方。在你周遭，一定也有你生命中的貴人，如何得到機會？你要在為人、處世、工作上下功夫，這是一輩子要學的課題，然而，一旦能夠扎實地建立，你的人生就不是那麼辛苦的單兵作戰，機會也伴隨第一桶金的到來。

要勤又要儉，或許你會覺得娛樂都沒了，當然不是，我會建議你每個星期招待朋友外出用餐，犒賞自己，2 次正餐、2 次

簡餐，約 3,000 元預算，用來聯絡感情、開拓人脈，除了招待曾幫助過或給你指導的這些人，最重要的是來自於你內心的真誠感謝，一張溫馨的謝卡和愉快的用餐，都可以找到生活中不可或缺的 8 個朋友（請參見我寫給居賢的信）。

以上做法會很困難嗎？這取決於你的態度，賈伯斯當年不想浪費養父母畢生的退休積蓄，所以大學休學跟同學借住，有時到印度寺廟吃免費的餐；籃球好手林書豪在沒有獲得合約之前，也是睡朋友家的沙發，你的情況不會比他們兩個糟糕。至於坦伯頓先生每個月存下 50% 收入，如果做不到，也不要低於 30%，只要你願意照我的建議，你會比許多人更早擁有自己的房子，因為你渴望成功，而且願意為成功「暫時」付出犧牲。

人生就像 2 杯酒，一杯是甜的，一杯是苦的，先喝了甜的，剩下的就是苦的。你放心，當你的第一杯苦酒喝完之後，人生剩下的就是甜酒了。祝福你！

又上

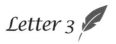
逆向思考，讓錢為你工作

又仁：

　　那天經過咖啡店，聽到你在背後叫我，一聊知道你在職場上換跑道了，你夠聰明，但對你還是有兩點提醒：要在職場上有收穫和被人肯定，你需要在你的聰明之上帶一點傻勁，先把自己放在老闆的位置上，就會多少了解自己需要充實和加強哪些專業，把眼光放遠一點，不要太計較短期的待遇和福利，有本事和能力，市場上要虧待你都很難。

　　第二個要提醒你的是學習駕馭金錢，讓金錢為你幹活，這種駕馭金錢的能力，現代人或多或少都要具備，如果沒有，除非你能一簞食一瓢飲，居陋巷而不改其志，要不然你會很難在物質和心靈中取得均衡的發展，而且如果不懂得利用資源和知識，你會在全球的競爭中處於劣勢。

　　我能給你最大的財富就是觀念和方向的指引，你我雖然是兄弟，但你出生時，家裡的環境已經有很大的改變，你沒有機會學習和見證父親那個年代的刻苦勤奮，特別是「無中生有」的本事，只有經歷過那個資源匱乏年代磨練的人，才有某些觀察和敏感度，你懂得利用手邊現有的資源為你創造

財富嗎？

　　今天給你說個故事，希望能開啟你另外的視窗和不同的思路，進而培養駕馭金錢的能力，讓錢為你幹活，也同時訓練自己的眼光和觀察事情的態度。

　　去年到中國大連旅遊，搭著觀光旅遊巴士，火車站是仿照日本建的，繁華的中山路廣場同樣仿照國外建築風格，所有的銀行都集中在這個地區，導遊的順口溜：「搶銀行無需東奔西走，中山路應有盡有。」台東老家就在中山路，旁邊就是台灣銀行，我們這輩子注定了非得好好利用這樣的優勢。

　　你知道爸爸當年蓋的那個老房子，樓梯進出口的設計上有問題，實在不理想，讓樓上的使用功能受到限制，前幾年我還未開養生餐飲店，樓下店面長期空置，只靠另一家店面的租金，很難維持整個大樓的開支，加上父親的退休金幾乎全拿回了故鄉，圓夢蓋了小學、修了路，當時房子也拿去抵押貸款，作為爸爸的生活開支和花費。我們來看一下當時的難題，進而從中學習如何克服，如果你能學到一些觀念和方法，這輩子會衣食無憂。

　　當時面臨的難題是租金收入不夠支出，3樓～5樓閒置沒用，如果整修出租，要有人力介入管理，但我們家兄弟大半年都不在，有點困難；要再拿錢出來整修，也需要有人參與規畫，更重要的是未來使用方向不確定，都會造成緩不濟急，所以面

臨一是賣掉，但價錢可能不高，二是大家繼續分攤維持，三是逆向思考，利用我在書中所提的那些概念，善用這個當時效益不大的資源。

我當時建議兄姊們，把閒置的空間拿去貸款，往來多年的台灣銀行沒有同意，當時大哥在台東，跑了幾家銀行，中華路某家銀行願意承接原有貸款再加高額度，所以就把貸款從中山路轉到中華路，多出來的款項，我要負責產生效益。當時貸款利率雖然比現在略高，但我覺得如果由我投資在全美國一流的企業，光是股利收入已經可以負擔大部分利息，如果我們能熬過幾年，就有可能突破前面的困境。

這個道理，其實就像當年老爸開養雞孵蛋場一樣，我跟銀行借隻老母雞，沒錢買飼料，帶著老母雞到野地吃蚯蚓、吃野食，小心照顧牠，生了 2 顆蛋，一個還給銀行當利息，另外一個蛋，想辦法孵出小雞。

結果很不幸，進場不久碰到金融風暴，狀況當然不輕鬆，不過你看了我在鐘擺理論那篇文章說的危機處理，就會知道當時那筆錢最終處理得當度過了危機，因為我了解股市的特質，沒有讓害怕的情緒擾亂心裡的方向。

當時在那麼大的股災下，或多或少會感到不確定，但方向是清楚的，股災之後，所有資金都回來了，而且開始獲利，以我基金過去 6 年接近 21% 的年複利，用來支付利率 2.25% 左右

的貸款，你可以很明顯看到正向的現金流量，幾乎創造了每年多出 3～5 個店面房租的收入。原本需要兄弟墊錢的資產，現在就算把老母雞還給銀行，手邊都還多出了許多小雞，細心照顧下，未來也有自己的母雞了。

這怎麼運用到你的例子呢？聽你說，你目前有個房子，完全沒有貸款，我想依你的情況，就算貸60%、約台幣300萬元的額度，加上現在利息還偏低，就算以後慢慢升息，在利率達4%之前，你都還有一段寶貴的時間可以掌握。

如果你依照我的做法，不管是投資 0050 或者和標普 500 混搭，你可以要求銀行前 2 年只支付利息，不償還本金。這 2 年中，不管是 0050 或者和標普 500 的混搭，股利收入應該在 3% 左右，或者 0050 和 0056 混搭，股利水準大約在 5%，都足以支付你銀行的貸款利息。接下來你有 2 種做法：

1. 獲利優先償還貸款

每年帳戶成長的獲利部分，除了支付銀行利息和償還本金外，如果還有餘額，就拿來降低貸款額度，例如 2014 年美國標普 500 的投資績效約 13.48%，還掉銀行利息，假設是 2.5%，大約剩下 11% 獲利，以你貸款 300 萬元進行投資計算，相當於獲利 33 萬元，可提早還貸款，總貸款降為 267 萬元。

當然也可能當年度虧損，那麼你能動用的只有股利，如果

不足，就必須以你的工作所得來支付貸款利息和本金，但因為一開始你貸款的額度設計是 60%，比率不是很高，加上你還沒結婚，生活不成問題。這樣做也是強迫你儲蓄投資，這是一個 20 年的計畫。

2.獲利繼續投資

這種方式是利滾利的情況下，把握機會擴大戰果，例如 2013 年時，我們那筆貸款的績效是 35%，標普 500 是 32%，獲利不錯，當時也考慮償還貸款，但考量到當時銀行 2.5% 的利率還是很低，光是標普 500 的股利就足以支付，加上美國經濟持續增溫，我認為美股漲勢還未走完，如果把貸款還掉，再借這麼低的利率機會不大。

簡單來講，我認為可以繼續創造比銀行借貸成本更高的效益，2014 年，在我給你寫信的同時，我管理的基金又交出了 15% 的報酬（同年度標普 500 是 12%），如果 2013 年我把 300 萬元還了，就沒機會參與 2014 年美股的上漲，會少賺將近 12.5%（15% 報酬－銀行利息 2.5%），也就是將近少了 37.5 萬元的獲利。

我把握機會，持續拉開戰果，但我也有風險控管的意識，如果美股未來成長幅度不能產生效益，就是歸還貸款的最佳時間。上述 2 種方法要選擇何者，取決於你的風險承受度、當時利率高低，以及你的投資績效。

第一個方法比較保守，第二個方法操作得當效益更高，因為投資管理是我的專業，所以我選擇二，至於你，可以選擇適合自己的。

　　雖然 2 年後，你無法只付利息，必須連本帶利償還，未來中長期利率也可能看漲，但以目前經濟狀況來看，就算升息也是緩慢升息，還有一段時間可以把握，除非利率突破了 4% 以上，那時再來評估。如果這 20 年你能夠學著利用投資管理，一方面償還銀行貸款，二方面如果還能夠穩健地為帳戶帶進差額的效益，那就表示你能利用資源創造財富。

　　基本上做到用股利來支付利息，不是很困難，保守估計標普 500 或 0050 如果 20 年成長 1 倍都是很差的表現，先別說標普 500 歷史平均水準有 10% 成長，就算是掉到 4%，20 年也會翻 1 倍，簡單來講，目標是 20 年你的銀行貸款還完之後，帳戶裡至少多 1 倍，也就是多出了 300 萬元。

　　我們家的老房子，由於我具備了專業的管理技巧，我的目標速度比你快。但不管怎麼說，這個錢原本你閒置在那裡，但現在多出來了，未來的 300 萬元，再透過資產配置，就算每年獲利 7%，每個月可以增加近 2 萬元收入，如果未來的人力仍如此競爭，工資沒有大幅上漲，這筆錢也相當半個人力為你幹活，後面隨著你管理知識和能力進步，你的成績不止如此，當你賺得愈多，意味著你有更多的消費和繳稅能力，一旦你是有

實力的客戶，銀行會歡迎你繼續有空就來「搶」一下。

非法搶銀行警察會來找你，照我這個合法的方式「搶」銀行，經理會來拜訪你，不過還是有風險，不是適用所有的人。除了逆向思考之外，還要根據自己的情形做一些風險計算，短期間有出狀況時，是否能像我一樣堅持方向。

總體來說，低利率的環境不會永遠存在，要盡快把握，以目前台股和美股的殖利率相對有吸引和支撐的情況下，秋蟹正肥，就算台股和美股混搭，3% ～ 4% 的股利也很吸引人。但要注意，美股截至 2014 年，已從谷底攀升了 6 年，雖然我認為美股大多頭還未走完，但此刻股價已不便宜，未來常會發生劇烈震盪，在顛簸中前進，免不了漲多拉回、跌深反彈的走勢，如何安全進場，請詳讀我在書中分批進場的方法。

以你目前的情況，還是非常適合扮演搶錢大盜，遺憾的是有可能你搶的錢，不是來自銀行，而是來自於不會理財的那些弱勢族群，但我更希望提供資金的人是來自家財萬貫、每個月只需要微薄 1% 利息，就可以維持優渥生活的有錢人。

知識就是力量，貧富的差距能夠透過理財方法縮短，但是我還是要提醒你，這樣的工具和做法都是雙面刃，你一定要懂得在最安全和周延的情況下進行，例如股市如果波動下跌 2、3 年，這段期間，你要有規畫和心理準備，可以動用你的收入來支付貸款，好壞的情況都考慮和估算了，就知道你有沒有資格

搶銀行了。

　　再次提醒，這個方法適用某些族群，但不是所有人，特別是要懂得風險計算，在目前那麼低利率的環境下，如果你對書中介紹的投資方法都有所心得，那你是有這樣的機會，希望你「搶錢」成功。

又上

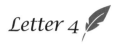
給證券營業員的一封信：
與客戶共創多贏局面

仁山兄：

　　落花時節又逢君，距離上次相逢，又隔了好幾年，你仍在證券這領域，代表你的努力和能力。但你也說了，台灣市場這幾年的成交量沒有突破，又有這麼多家證券商分食這塊不見擴大還萎縮的小餅，辛苦可想而知。

　　或許你認為我是幕後的操盤手，不了解你們第一線面臨的辛苦，我一直沒有告訴你，事實上我和一般基金操盤手不一樣，我的每一位客戶幾乎都經過我親自面談，才開戶進入我的管理服務，可以說對每一位投資者的狀況有相當的了解。

　　下單時，看到客戶名字，幾乎都可以聯想到他的財務狀況、風險承受度，什麼時候見過面，聊過哪些事，最重要的是，我的性質和你們不同，你們是客戶做好決定後執行下單，我是全權委託，我做決策是要負責任的，這個壓力許多人可能不想承受。

　　你可能不知道，我也是從理專的角色開始，當年在美國先考基金經紀人執照，所謂的 Series 6，後來才考了營業員的執照

Series 7，巴菲特當年為拯救所羅門兄弟（Salmon Brother）證券公司，擔任了 CEO 的角色，也規定要有這個執照，他在公司情況趨於穩定後離開了職位，巴菲特開玩笑地說，幸好他離開了董事長的職位，要不然也考不上那個執照。

我做營業員的時間非常短，原因是我發現它違背了我的信仰，我很難接受，也不忍心看散戶投入股市，卻像是一個訓練不足的士兵走向戰場，槍法不準，在一場沒有炮聲的戰爭中，扮演一個戰敗者。要在股市獲勝，一定要有對的方法，了解股市的特性和經驗，這些都不是多數散戶能夠達成的。

所以我決定成立投顧公司（基金公司是又隔 10 年後成立的），為了符合當時公司和證管法規定，我必須做其他犧牲，但這樣才是和客戶利益可以契合的唯一做法，1990 年我成立投顧公司的第一天開始，所有的客戶都是全權委託，收管理費但完全不拿佣金，進出之間的交易費，我們也不收。所以就算一天進出好幾次，客戶都不會懷疑我的操作，就算 1 年沒有進場，例如 2000 ～ 2001 年高科技泡沫期間，客戶也不必擔心，背後一定有我的道理，因為不拿佣金，所以不會有任何利益衝突，績效是最重要的考量，客戶的帳戶管理好了，他獲利了，我們也成功了。

當年在美國推展業務時，其實許多大證券行都有這項服務，但在 1990 年初並不積極推廣，雖然股市常說沒有專家，只

有贏家，一直到 2000 年高科技泡沫，大家才發現，原來贏家中專家還是居多，散戶也才發現投資大有學問，整個趨勢做了一個大改變，接下來全權委託幾乎成了美國主流，幸好我提前 10 年做了這樣的經營。

我要說的是，找到和客戶可以雙贏的方式，這個生意模式就可以長長久久，如果只有你贏，客戶輸，就成為短暫的生意，可是目前台灣證券行的生態，我感覺還是停在 30 年前的做法。

證券行目前的角色是一個交易平台，給客戶的優惠頂多降低佣金，但是因為競爭的關係，跟散戶最想要的利益未必是最好的結合，有時還會同床異夢，你們希望散戶多交易，散戶希望獲利，但交易次數多，交易成本就提高，而且個股上的短線交易是個高難度工作，沒有一定功力，有時反而更糟，所以你們兩者很難想在一塊。

多數散戶長期沒有獲利，就會離開，這也是台灣股市所面臨的問題，隨著金融產品的多元化，我想這裡出現了一個契機。你知道金融風暴時，美國有一檔基金，資金不但沒有流出，而且是淨流入，這幾年的現象依舊，這也是一個重要的趨勢，這檔基金就是標普 500 的 ETF，你可以在這個趨勢上再加以變化，充分利用我的建議，同時滿足證券行和散戶的利益。
我所提的建議如下：

1. 發開新客戶

可以藉由書中所提之工具及操作特性開發新客戶，例如資金停泊在定存和購買公司債的這些客戶族群（中鋼公司7年期公債票面利率約1.75%，15年期只有2.15%左右，但0050和0056兩者混搭的股利約高達5%，就算0050的股價15年不動，都比公司債高1倍），使用景氣對策信號本身就有基礎分析的原理，也參考了領先指標，半山腰進半山腰出，成功的機率相對高。（編注：文中所提為2014年時中鋼公告的票面利率）

2. 教育現有客戶群

當部分資金進入上述指數，因為獲利穩健，在不虧損又能獲利的情況下，客戶不會離開股市。

3. 帶進活水源頭

因為0050和0056都是非常安全的工具，新的資金加入也有助於台股的證券市場活躍，當有獲利就可以帶進其他觀望的客戶群，這多少也是帶進活水源頭的小溪流。

4. 扮演教育者

做為主管的你，可以讓同事扮演教育者，不要只有守株待兔等待客戶下單，把客戶依不同的需要，分成幾類族群：第一，

喜歡長線操作，那美股、台股的混搭是一個方法，可以使用貴公司的複委託，不過我也提到，複委託買美股的交易佣金實在過高，如果想要變成營業主流，有機會應該向高層反映，調降佣金，用不著一開張就吃 3 年，何必把想投資美股的人，往外推給了美國證券商。

第二，短線進出者，書中有提到以 0050 做短線操作的方式，這部分概念也不難。我在書中提到的 3 種方法，以及搭配標普 500，都非常適合營業員教育不同需求的客戶族群，這樣的結果是，你們的客戶不再是槍法不準、未經訓練就獨自走向戰場的士兵。

在符合法規的情況下，利用作者心得，加上我的分析和美股的搭配，應該可以營造出多贏局面：客戶會賺錢、營業員有業績、公司會獲利、政府有稅收、台股市場有成交量和動能，不只是雙贏，這可是五福臨門。客戶利益可以被照顧到的營運模式，才是可長可久，你不妨參考看看，最後祝鴻圖大展。

又上

Letter 5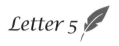

擁有人生 5 個球，打造均衡財富

宇生：

　　2000 年你特地從紐西蘭飛到紐約，參加時代廣場大蘋果落地的跨年活動，那晚之冷，我到現在還印象深刻，連羽絨衣都擋不住那股寒流，隊伍的尾端已經接到中央公園。在那次實習中，我問你畢業後想做什麼？你說對電影劇本充滿興趣，沒想到一趟實習下來，你也進了金融業，希望你是真正喜歡，而不僅是因為美鈔的吸引力。這幾年職場上的生活過得如何呢？有件事當年跟你提太早，而現在你已步入職場也成了家，所以我覺得應該跟你分享一下。

　　多年前網路上廣為流傳，前可口可樂的某子公司總裁布萊恩·戴森（Brian Dyson），在 1996 年喬治亞理工學院的精采畢業致詞，他說：「想像人生是一場在空中不停拋接 5 個球的遊戲，這 5 個球分別是工作、家庭、健康、朋友以及心靈，你不能讓任何一個球落地。

　　你很快會發現，工作是一個橡皮球，如果掉下來，會彈回去，而其他 4 個球是玻璃做的，如果失手，會有無法挽回的刻痕、損壞，甚至破碎，將不再和以前一樣。你必須了解這道

理，從而在你的人生中設法求得平衡，但要怎樣才做得到呢？」他列舉了 13 項提醒，也是智慧的結晶，所以我把它放在信尾，給你參考。

日前看了影星丹佐華盛頓所演「機密真相」(Flight) 的機長角色，日本則把片名翻成「英雄或殺人者」，片中他以不符合飛行慣例的手段將飛機倒飛，成功迫降，化解了一場失事危機，成為英雄，但有 2 位機上同事卻魂歸藍天，他因酗酒問題面臨接踵而來的質疑：誰是罪魁禍首？他是英雄或殺人者這兩個角色在一線之間，隱瞞過關或坦白受罰。

大家都有不同選擇，選擇隱瞞過關，但長時間內心會煎熬和自責，選擇坦白受罰，則執照吊銷進入監牢，進而靈魂獲得長時間的救贖和釋放，不看到最後，許多人可能都無法體會，什麼是當下最正確的選擇。事實上，你一旦看透事情的本質，方向就會很清楚，只是我們的人生經驗，未必能在當下有那盞明燈指引，投資理財的世界或其他人生財富的追求，也經常都是如此。

短時間眼前見到的現象和長時間正確的方向，有時是相互衝突和不一致的，唯有對正確方向的堅持，才能夠獲得最完整的財富，包含了物質和心靈。當鳳凰花開、驪歌聲響，各校精心邀請來賓的致詞，都是他們人生的故事和智慧的語錄，丹佐華盛頓精采演繹的人生讓他獲選 2014 年著名的賓州大學畢業典禮演講者。

2005 年 6 月，賈伯斯在史丹佛大學的畢業演講致詞，是他人生最後一個畢業致詞，他有限的生命結束了，在人間的工作也告一段落，但他之前所做的努力、成果，還在我們的生活中持續發酵，繼續激起漣漪震盪的擴散，人已蓋棺，對他的評價卻還無法論斷。難怪古人說：「人生有三不朽，立功，立德，立言。」這三不朽應該是生命中的極致，也是最傲人的財富之一，銀行中的存款、股市中幾個漲停板，當然也是財富的一種，不過比起用生命所創造出來的財富，這些有形資產的重量相對就減輕了許多。

我身為一個財務規畫師和投資管理者，當然知道有形財富的重要，但凡事過與不及都值得商榷，人生還有許多其他財富，其重要性不亞於金錢，誠如布萊恩・戴森所說：「健康、家庭、友情和靈魂，如何在人生旅途中均衡地全面追求，是一個不簡單的挑戰。」通常是錯過了、失敗了，才能夠深切感受到那 4 個球的脆弱跟時間的不可逆轉，不像工作，你只要不放棄學習或靠近你的興趣，一輩子都可以有工作，讓它或多或少的發光發熱。

不過，一位巴基斯坦教授表達了另一個角度的看法，他認為如果沒有了工作，其他 4 項財富都失去了基礎，一個沒有工作的人，很難得到家庭成員的認同，在一群因肚子飢餓而哭泣的兒童環境中，工作相對於其他 4 種財富容易被滿足，布萊恩・戴森的哲理，難以被實踐。相信許多人會認同他的看法，古人

所說的:「衣食足,知榮辱」,現代管理大師馬斯洛(Abraham H. Maslow)也提到人生有5個需求,第一個溫飽的需求不能被滿足時,人生自我實踐、被肯定這種最高層次的追求就無法達成。

其實兩者看法並不衝突,教授強調工作是所有財富的基礎,也反映了中國的順口溜:「錢不是萬能,但沒有錢是萬萬不能。」布萊恩·戴森強調其他4種財富的相對脆弱,也並沒有否定工作的重要性,整體的財富人生必須均衡地全面照顧,工作可以失而復得,有時候甚至是上帝的旨意,「關了一扇門,會開另一扇窗」,當下可能是一個失敗,但長期而言,隨著時間腳步的移動,有時你可能發現這是上天最美好的設計,讓你找到一個更適合的工作環境,或者暫時的挫折激發了更大的潛能,進而達到更高的成就。

大家熟悉的例子,台積電的張忠謀如果沒有角逐失敗德州儀器的執行長職位,很可能他的人生就止於德州儀器的執行長,有豐厚的退休金,但當時的失敗給了他回台灣發展的機會,如今的他,不但獲得有形的財富,對社會的影響力也舉足輕重,還曾經代表台灣參加各國領袖的博鰲亞洲論壇(Boao Forum For Asia,BFA),這些成就都不是在美國擔任德州儀器執行長所能得到的榮譽。

再者,如蘋果公司的賈伯斯,當年被他一手創辦的公司開除,現在回頭來看是美好的,如果沒那件事,也沒他如此精采

257

的人生。

　我想布萊恩・戴森最深刻的寓意，只要你學習的動力持續存在，失去的工作都會如橡皮球般，在某一個時間彈回，甚至彈得更高，但是其他財富，包含了投資理財，都可能會因為你不夠用心、沒有經營，而難以修復。

　當人生走到某個階段，再回首時，投資理財確實需要一些技巧，相對而言這個學習並不難，但當今工商社會的特質，有形財富的賺取總是被凸顯為生活重心主軸，甚至是有些人的唯一目標，這種不平衡才是布萊恩・戴森再三提醒的：其他4樣財富的重量，絕對不亞於或超過一個工作所帶來的財富。

　簡單的說，我的專業深知追尋財務自由的重要，靠著多年來不斷學習、精進，來達成客戶對我的信任和託付，但人生旅途的挫折和轉彎所帶來的經驗，更讓我發現其他4個球的脆弱性。賺取財富有較清楚的脈絡和方法可循，而其他4個球的人生財富，常要隨著人生的閱歷才能逐漸體悟，就像酒的釀造無法速成，沒有一定的時間，無法散發應有年份的香醇，所以這方面的提醒永遠不為過，如果只談如何賺取重量相對輕的有形財富，而忽略了比重更大的4個球的財富，絕對是人生的遺憾。

　這5個球的人生整體財富的經營，找時間和你兄弟姊妹們分享，我附上布萊恩・戴森這13項提醒，供你隨時閱讀：

　1.當你和別人比較時，不要低估你的價值，因為我們都不

相同，每一個人都是唯一的。

2. 不要以別人的觀點來設定自己的目標，只有你才知道什麼最適合自己。

3. 別將貼近你心靈的巧思和一些想法視為理所當然，緊緊地擁抱它們，沒有了它生命將失去意義。

4. 不要活在過去和未來，以致於你的生命在這兩者之間流失，過好你當下的每一天，你將會充分地享受你生命中的所有日子。

5. 不要輕易放棄，當你還有一線希望可以嘗試時，沒有一件事情是真正的結束，直到你停止嘗試的那一刻。

6. 不要害怕承認自己的不完美，正因為這不完美的共同點，才讓我們維繫在一起。

7. 不要害怕面對風險，我們可以借助它學習如何勇敢。

8. 不要藉口真愛難尋，而讓愛遠離生活，最快得到愛的方式就是給予，最快失去愛的方式就是緊緊擁抱，最好保有愛的方式就是給它一雙翅膀，自由而沒有負擔。

9. 不要把生活步調經營得太匆促，以致於忘了身在何處、走向何方。

10. 不要忘了一個人最大的情感需求是希望被欣賞。

11. 不要害怕學習，知識是沒有重量的寶庫，你可以隨意攜帶。

12. 對「時間」與「說話」都不能輕率，因為這兩者都覆水
    難收。

13. 生活不是百米的賽跑，而是我們足下的每一段旅程，昨
    天已成歷史，明天充滿未知，而今天是一份禮物，所以
    我們稱它為「當下」（英文中的 present 是「禮物」和
    「當下」的多義詞，在這裡一語雙關）。

又上小舅

銀行存款第一個數字，可安在？

興佑：

那天在臉書上互動了一下，很高興知道你在投資上的心得，以你現在這年紀，經驗都超越了我當年的起步，看來你是少數有可能以投資為個人生涯的姪兒。就人生的 5 個財富裡，你現在所做的金錢管理，是我認為重要，但又不是最重要的，以我過去的經驗來看，如果時光能倒流，我希望首先要充實的是知識領域，或最起碼應該並重的是，對自己身體充分了解，也就是健康的保養。

有人問達賴喇嘛，關於人性最讓你感到訝異的是什麼，他說：「人類，為了賺錢，他犧牲健康，為了修復身體，他犧牲錢財，因為擔心未來，他無法享受現在，就這樣，他無法活在當下，活著時，他忘了生命是短暫的，死時，他才發現未曾好好活著。」

因工作關係，我有許多客戶都是醫生，我當年最大的錯誤是，一直沒有好好充實健康的知識，特別是預防醫學，現在才知道：「生病找醫師，健康靠自己」，我當時一偷懶，把健康都交給了醫生。

台灣成功大學醫學院的創院院長黃崑巖是一個有人文省思的知識份子，他有一本書值得你閱讀──《醫師不是天使》，裡面有許多精采文章，其中「良醫與好病人」一文中提到，在哈佛醫學院新生第一堂課中，有位白髮老教授步入教堂，在黑板上寫了阿拉伯數字 28，轉身對 100 個年輕人說：「你們今天有幸走上醫學這個特殊職業，千萬忌諱驕傲自大，誤以為醫師能主宰生死予奪，其實翻開謎底，醫學上可運用的特效藥不過寥寥 28 種而已。」黃崑巖認為，教授一定是把所有抗生素概括為一種，28 這個數字可能已過時，但恐怕也沒有增加多少。

　　這本書告誡醫師，從事醫學要虛心以對，認清醫學的能與不能，才不至於誤導病人，其實這句話是相對的，民眾應該也要有這樣的認知，才不會犯我當年的錯誤，把自己應該負擔起的健康交給醫生。

　　黃醫師說得好：「許多病症是生活上問題累積發酵而暴發，一般病人對這種因果關係要有所洞察而自助，才能獲得人助，一味地過分依賴醫療是毀滅之路，因為醫師無法替病人解決特殊的生活問題，這些問題要靠病人自我調適，醫療行為只能為病人減少病痛，而不能為病人帶來健康，醫師不是一個兜售幸福的行業，病人早一點覺悟這一點，才不至於過分期待醫師。」

　　你認為什麼是健康？世界衛生組織對健康是廣義定義：「身體與心理都能舒適，不只是沒有病痛，心理要舒適。」星雲大師

有一年春節祈福寫的就是「身心自在」，對現代人來講，這不是一件容易的事。

我同意黃醫師的看法，他說：「健康因人而異，如果單純認定疾病不存在就是健康，真正的健康可能不容易捕捉，健康要有刻意想把身心狀態提升的意欲與心態，才能捉到手中。」

看來黃醫師對心理健康有更高層次的要求，不只停在精神生活有調適，他認同德國詩人歌德對健康正面的態度，歌德認為，健康還要靠所謂的美德、志氣、毅力、生活向上衝的動力，才能提升鬥志，撐過逆境，這是健康的根本。歌德真有德國人的個性，就像做出來的車子堅固耐用。

這說法讓我想起美國詩人塞繆爾‧厄爾曼（Samuel Ullman，1840～1924），麥克阿瑟將軍非常喜歡他的詩，麥克阿瑟在二次大戰擔任盟軍太平洋總指揮時，還把他的詩掛在東京指揮所的牆上，因為這關係，這位詩人在日本的知名度還超過美國，他有一首詩寫道：「年輕，不只是一段生命的時光，它是一種心理的狀態，跟是否有玫瑰般的臉頰、紅潤的雙唇以及柔軟的雙膝無關，跟是否有意志、有品質的想像力、情感的活力有關，年輕是生命中的春意盎然。」

星雲大師也有一段智慧語錄：「春天不是季節而是內心，生命不是軀體而是心性，老人不是年齡而是心境，人生不是歲月而是永恆。」的確，會老不是因為歲月讓皮膚有了皺紋，而是我

們遠離了理想、放棄了熱情，這種正面態度的心理狀態，是更積極地追求心靈健康，生活中許多困境，需要靠這種良好的心理素質幫忙度過，身心互為影響。

身體不適，絕對會給心理或心靈上帶來負面影響，心理上一旦有陰影，就無法承受生活中各種壓力，而藥物的治療，又反過來侵蝕身體的健康，心理上的不自在，我認為對現代人的威脅和影響，也不亞於身體上的，所以我很想和你交換一些看法，要懂得如何紓壓以及做心理上的環保。如果你是從事高壓力的工作，例如投資管理，更需在這方面有清楚的認知，從現在培養一個高素質的心理健康。

至於心靈，這是一個大題目，這個財富的追求，困難度可能高於投資交易的技巧學習，我們留在以後慢慢細聊。

你、我都花這麼多時間每天追蹤股價變化、財經數據報導，你對自己的血壓、血脂肪、膽固醇、正常的醫學常識，以及自己身體的了解有多少？如果不多，是不是有些本末倒置？我們常說，年輕時拚命賺錢，接下來是拿錢來買命，但又買不回來，所以我建議你同時追求人生的 5 個財富，先閱讀一些醫療保健、預防醫學的書。

從哪裡著手呢？我覺得老祖宗講的話很有道理：「禍從口出，病從口入。」先從飲食開始，陳月卿的夫婿蘇起先生說得好，我們人都像個小宇宙，如果別人跟你吵架要激怒你，需要

做好情緒管理。第二個可能影響身體的，就是透過嘴巴進入你身體的食物，如何吃，是健康的第一步，許多人其實管不住嘴巴，原因當然很多，其中之一就是他不了解那個食物對身體的破壞和侵蝕，這方面知識愈多的人，就會懂得挑選。

我不是讓你不接近美食，事實上，食色性也，拒絕美食違反人性，但不懂得選擇美食，那是接近自我健康毀滅，我強調的是，你可以慢慢找到美味又接近原味的美食。

有人說，多數慢性病是我們錯用身體的結果，我們需要的不是靈丹妙藥，是指導如何正確使用身體的保健手冊，一部複雜的儀器要發揮最好的效用，閱讀和遵循操作手冊的規定非常重要。身體的複雜程度超過任何一部精密儀器，我們卻從未好好認識它，我們賺到一點有形的財富，卻丟掉了更重要和更多的財富，個人的健康、全家的幸福，都維繫在這裡，股價可以一日看3回，但保健知識卻彷彿是醫生的事，你說，我們聰明在哪裡？

有人說，健康彷彿是銀行存款中的第一個數字，第一個數字不見了，後面再多的零也沒有意義，以下這幾本保健的書，我建議你優先閱讀，它帶給你的財富絕對不會輸給你現在書架上的財經書籍。這些書作者有營養學家、養生達人、不同科別的醫師，都願意從比較整體和生活的面向告訴你如何養生。

又上小叔叔

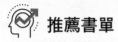 **推薦書單**

1. 《你吃對營養了嗎？》，作者吳映蓉（已絕版）。
2. 《真原醫》，作者楊定一。
3. 《吃錯了，當然會生病！》，作者陳俊旭。
4. 《哈佛醫師養生法》，作者許瑞云。
5. 《每天清除癌細胞：陳月卿全食物養生法》，作者陳月卿。
6. 《不生病的生活》，作者新谷弘實。
7. 《醫師不是天使：一位醫師作家的人性關懷》，作者黃崑巖。
8. 《別讓不懂營養學的醫生害了你》，作者雷‧D‧斯全德。
9. 《帶醫生回家》榮總醫師合著，潘懷宗策劃，及潘教授系列書籍。

Letter 7

找到熱情，更容易獲得成就

居聖：

　　前晚在朋友那度過了感恩節，這是許多外國同學在美國最有感覺的節日，也是我最喜歡和最擔心的日子，要是沒有朋友邀請，就沒地方用餐，一年中就只有這一天，美國的餐飲店全都關閉，以紐約為例，路程 3 小時之內的廚師，用餐也必須進中國城，可以想見這個家庭團圓日的盛況。

　　那晚餐桌上就像小聯合國，我旁邊坐了一位印度朋友，是主人在藥廠的同事，席間聊起來，他知道我有家小公司非常羨慕，我告訴他，凡事都有兩面，成功時看到的是風光，背後比上班族有更多的付出。工作雖然是人生 5 個球當中唯一失去還容易彈回來的，但還是分享一下我在職場上的觀察，讓你做就業的參考。

　　許多人認為「專業」是找工作成功的第一要件，我有不同的看法，我並沒有否定專業的重要性，但專業的背後能否順利推動工作，產生更大效益，或以後是否有更高成就，關鍵應該是有沒有正確的態度，說幾個故事。

　　我曾帶領一位剛從財經研究所畢業的留學生，有台灣著名

2 6 7

公司的工作背景，想進入財務領域，因沒有銷售方面的經驗，剛開始時面臨行銷上艱困的挑戰，因他對事情的堅持、不輕易放棄的態度，終於克服困難，在學習中漸入佳境。

有一次我送他去短期進修，他回來跟我說，上課的老師問他在這行業有幾年經驗，他回答才 1 年，老師非常訝異說：「你所懂的，在這個行業待上 3、4 年的人都未必懂。」我要告訴你的是，只要這個人肯學，有方法、認真，加上帶的人有一定的經驗和專業高度，再給予機會培養專業，沒有我進入職場時想像的困難。經驗可以傳承，但問題是人家願不願意，和你的態度有絕對關係。

台灣和美國的年輕人，在學習態度上有沒有什麼不同，我沒有做大規模的嚴謹調查，但社會和經濟結構都不同，可能還是有些不一樣，下面的故事，是我和美國在校同學的經驗之一。

有一年暑假過了一半，辦公室收到一封應徵實習生的信，一看條件不錯，我先在電話中口試，因他現有法語家教工作，希望每週工作 3 天，我告訴他，實習時間只剩一半，在工作之前，他需要一些基本專業知識，有幾本書要閱讀，再加上討論，一週 3 天時間不夠，如果要實習，要就一週 5 天，要不就等下次機會。

他回去思考之後，把家教工作調到晚上，選擇了沒有酬勞的實習。他很聰明，學得很快，他也是附近高中那一年唯一被

普林斯頓錄取的學生。實習進行到倒數第二天，我給他一個重要資料的草稿工作，這是證管會年度檢查要求增加的項目，因我操盤的共同基金不僅可以買上市公司股票，也允許20%的資金可購買非流動性資產，例如未上市的公司，或中小企業和其他商業經營，但這些公司的價格如何界定呢？這就有非常專業的因素要考量，甚至有特殊專業組織做鑑定估價。

最後一天中午他做了報告，因還沒找到方向，當然也沒達到我的標準，我又給他一個提示，並要他3個小時後知會我，再做討論；下班前2個小時，有進步但還不理想。我提示他，這項要求來自於證管會，同時牽扯到會計原則，應該到證管會的資料庫搜尋，找出適合我們公司現況的資料，我說今天是你實習的最後一天，正常5點下班，做多少算多少，畢竟只是讓他學習，並沒有指望他把這個工作完成。你猜他什麼時候離開？晚上7點他做到自己滿意了才走，他第二天要打包回學校。

他離開時，我問他有收穫嗎？會後悔選擇沒有報酬的實習嗎？他說這是這幾年實習以來，收穫最豐碩的一次，我相信他以後的工作都能有一定水準，也會有很多機會，因為他的態度。你一定聽過這樣的方程式，績效＝能力 × 態度（P＝A×A，Performance ＝ Ability×Attitude），如果能力是100分，態度是0分，依然無法產生績效。

從我踏入財務領域和自組公司以來，不管是扮演員工，還

269

是身為老闆，我一直有一個信念，我的薪水來自於我對工作的表現和投入，我想要有多高的待遇，我自己決定，因為我內心裡，自己就是老闆，驅動我自己的，都是來自於我想把工作做好，從來不是朝九晚五。如果需要靠別人鞭策才能進步，是一件痛苦的事，所以我把這個主導權拿在自己手裡，就像高爾夫球運動一樣，是跟自己的競賽，我如果沒有可以應付這個挑戰的態度，在這麼一個競爭領域，可能已經敗下陣來。

全世界只要是有工作的地方，都存在壓力，美國的經濟結構又是如此高度自由化，許多人進入中年，裁員的壓力就伴隨而來，這麼多年職場的觀察，可以跟你分享一個經驗和兩個數據，如果你想獲得工作的快樂，你的職業一定要跟興趣和熱情結合，這樣才可以享受工作，樂在其中。

能夠一開始就找到有興趣的工作最好，如果沒那麼幸運，你可以試著在工作中發現樂趣，就像我的情況一樣，我這基金操盤手的工作壓力不算小，一開始未必是我原始的規畫，不過從小就跟商業有所接觸，讓我對商業活動不陌生，但能在這個行業堅持不懈，有一部分來自責任感的驅使。剛開始能力不足，掌舵的力道並不理想，初期的挑戰和挫折確實很容易讓人放棄，特別是股票投資管理還有藝術的成分，更難掌握，然而堅持、再學習、從錯誤中找方法、經驗再改進，一旦有所突破，興趣也培養起來了。

你父親建議你們可以往投資管理業發展，或許他看上的是這行業的「錢」景，希望我能跟你們多聊聊，我卻一直有不同看法，如果因錢進入這個行業，而不是你的興趣和熱情，失敗的機會大。諾貝爾獎經濟學家賽門（Herbert A. Simon）曾提出「10 年定律」：任何領域的專家，多數要經過 10 年努力和淬鍊，才有一番格局和小成；而這 10 年中有許多的挫折和挑戰，沒有興趣和熱誠很難堅持下來。

　　以我的工作來說，就是一個任務導向，不是以工作時間計算的，客戶不是看我投入了多少時間，而是我有沒有做出績效。何況這個行業永遠有學不完的東西，這個工作不是朝九晚五，有時需要長時間的研究，如果沒有一定的興趣和熱情，我想很多人都無法把這個工作做好，而且你也無法承受工作帶來的壓力，所以我一直鼓勵你們，尋找最能夠投入熱情的工作。

　　日前閱讀了《這一生都是你的機會》這本書，裡面有 2 個數據跟你分享，作者亞歷士・羅維拉（Alex Rovira）提到，在《成功絕無偶然》這本書裡，1953 年哈佛大學對全校同學做了一個問卷調查，問題包括人生目標是什麼？希望將來有什麼成就？只有 3% 的學生寫了答案，20 年後，再對同樣的這群人做調查，寫下人生目標的 3% 學生，經濟上的成績遠超過另外 97%，而且他們的身體比較健康，個性比較開朗，人生各方面發展都優於另外那些人。

馬克醫生在他的著作《賺錢也賺到人生》寫到，1960～1980 年對 1500 位商學院學生做調查，第一類型學生認為先賺夠錢再做自己想做的事，這樣的同學占 83%，第二類型學生覺得只要做自己喜歡的事，致富不是難事，這種有冒險性格的人占 17%，20 年後，這 1500 人中，一共出現 101 個百萬富翁，只有 1 個是第一類型的學生，另外 100 個都屬於第二類型。

不只是作者有這樣的看法，我認同，也算見證者，我認為從事各行各業都可以，但你要樂在其中，不然許多工作上的副作用，包括壓力，挫折，都會嚴重扭曲你的人生。我之前也不是處理得很滿意，畢竟股市變數太多，對一個年輕舵手而言，還是有許多要學習的地方，這也是我非常羨慕巴菲特的地方，除了他本身的資質以外，念書時他很幸運遇到對的老師。

有時在工作領域碰到一個好的導師指引，確實能夠少走許多冤枉路，我不能為你的人生做決定，但希望心得的分享能夠提供一些有用的參考，下次再敘。

小叔叔又上

Letter 8

你是別人不可或缺的朋友嗎？

居賢：

　　台灣這幾年興起了單車環島活動，我常在花東縱谷的晨曦中，看到一群群自行車隊伍，有時 2、3 個人一組，也讓我想起 35 年前，單車環島還沒形成風氣，我和 4 個朋友：江慶峰、吳文欽、簡禎祥、蔣東雄，帶著帳篷、打氣筒，風餐露宿，十幾天的單車環島領略到許多與開車、健行不同的樂趣，蜿蜒不絕且帶一點險路的北宜公路，驚濤拍浪、懸崖峭壁的蘇花，鬼斧神工的中橫，田園風光的花東縱谷，山與海的呢喃，美不勝收的東海岸，南迴公路亦有可觀之處，太麻里寬闊的沙灘，這些美麗的畫面，騎單車走一趟，值得回味和懷念。

　　在路上也碰到只有一個人出行的畫面，覺得好可惜，當然一個人也有一個人的樂趣，但出狀況時，就沒有同伴可以照應，古人說：「獨學而無友，則孤陋而寡聞。」現在人說：「獨行而無友，爆胎沒人幫忙補！」你算是一個小留學生，台美兩邊，哪邊的朋友多呢？你怎麼看待擇友這件事？到目前為止，你有幾位真摯的朋友？

　　投資大師巴菲特說，他有半打，也就是接近 6 位，一半是

男的，一半是女的，這是 26 年前的話，現在恐怕不止，但要能夠符合摯友的條件也不太容易，你怎麼定義友誼呢？巴菲特曾就這個問題請教過一位女士，她在二次大戰期間被關在奧斯威辛集中營（Auschwitz），她說對友誼的試驗法則在於：「他們是否願意協助我躲藏？」

你現在還年輕，跟朋友的交往可能多數還未經過試煉，莎士比亞也曾說：「富貴與友誼無關，但是貧窮卻能考驗朋友愛憎分明的真假。」舉世聞名的法國作家巴爾扎克（Honoré de Balzac）倒是苦中作樂，他說：「一個人倒楣，至少有這麼一點好處，可以認清誰是真正的朋友。」

有人說，當我們碰到危機狀況、生命即將結束時，許多人腦海中出現的都是愉快和難忘的人物，我也很慶幸生命中有這樣的朋友，我有位同學，在大學前沒有太多往來，這像是有人形容：大樹的長成緩慢而扎實，友情亦是如此，也需要時間。

小學我們同校不同班，但都是班長，國中最後一年同班，但當時忙著課業，很少互動；高中在外地念書，他考上了政大，我高中卻念了 5 年，3 年在學校、2 年在家裡準備重考，後來念台北工專，才開始有較多的互動。

當年我籌措學費，在各校社團賣聖誕卡片，大二那年碰上中美斷交，生意特別差，蔣萱輝兄和他的弟弟東雄還特地去擺地攤兜售卡片，那年寒訓去成功嶺，也是朋友幫我跑書店、收

貨款，幾乎國中、高中、大學同學都幫上忙，在給你寫信的此刻，他們當時的神情和模樣一一浮現。一路走來，幫助我的人真是很多，那份感謝常在心中，現在慢慢要學會表達出來。

有人說，朋友不是送你鮮花的那個人，是願意真心陪你，和你一起笑、一起哭的那個人，朋友不是天天讚美你的那個人，而是指出缺點讓你進步的那個人。

你小嬸嬸在 2004 年過世，你知道她的歌聲很美，那陣子我足不出戶，整天看鄧麗君的實況演唱系列，許多人都擔心我的精神狀態，能不能脫離那個低潮。現在回想起來還真的不容易，但人生一定有困境，這也彷彿前美國總統夫人希拉蕊說：「人生有誰是可以一帆風順的。」那時我的這位朋友萱輝兄，每隔 2、3 天就找我出去，無非是希望我能盡快脫離低潮。我告訴他，我沒有興致，不太想講話，他說：「那我就安靜的陪你。」

有次在茶莊，我多半時間在遠眺台東夜景，事實上那種情形，別人很難安慰，需要時間癒合，而且是一段長時間，但我至今非常感謝他的陪伴。我還記得多年前，你小嬸嬸狀況不佳，從台東被送到了花蓮的醫院，我從美國趕回，有天從病房走出，在長廊的板凳上，發現幾位老友在等我，他們放下手上工作，專程從外地趕來，我向來堅強，但那時孤單的一個人在花蓮照顧你小嬸嬸，乍見老友，內心很有感觸，那陣子，許多老朋友前來探望，帶來的那份溫馨和感謝，至今猶存。

有時我們忙於事業、怯於表達或其他原因，都不見得能夠做到這樣，一生中能碰到一、兩位這樣的朋友，就像是泰戈爾所說，能多和這樣的朋友交往，無疑是醫治心病的良方，也是人生的一筆財富。

　　金融海嘯發生後，我的投資重創，那時在美國，銀行之間的借貸都停止，我急需找到資金，才能拯救被重創的投資，經驗告訴我，要抓住反彈的機遇，危機入市，才容易快速解套，恢復元氣。但當時就算拿房子去抵押貸款，都未必借得到錢，卻有兩位朋友主動聯絡我，他們說，這是我需要用錢的時候，應該把我借給他們的錢歸還了，當中有一位當年財務狀況出了問題，突然主動聯絡，我當時很感觸，在關鍵時刻，沒想到能夠幫我的，竟然是我之前付出的一個不求回報的幫助。

　　我知道朋友還未脫離困境，我告訴他，我先想想別的辦法，結果運氣不錯，台美兩地股市都在一劍封喉的情況下開始回穩，峰迴路轉，借給朋友的那筆錢就不需要拿回來，但當時朋友的舉動，讓我心裡多了一份資源可以運用的篤定。

　　現在想，那筆錢當時沒有拿回做更好的運用，有點可惜，因為對會理財的人來說，那個時間點可以產生非常大的效益，在我這些不會理財的朋友手裡，頂多讓他們少付一些銀行利息，如果當時用這筆錢，幫朋友做一個理財計畫，獲利能夠讓他早日脫離困境。

我想強調的是，當初的一個善意，竟然無意間為我預留了敗部復活的資源，同時也深深感覺不會理財，真的無法在現代的社會安身立命，這也是我覺得應該寫這本書的另一個動力。

　　馬雲變成中國首富後，感觸地說：「許多人都是因為錢而接近他。」談錢傷感情，不談沒感情，這是另一種層次的智慧考驗，不過我還是要提醒你，金錢是一個嚴屬的試金石，可以幫助別人，也可以造成困擾。當年我們的導師一再告誡同學，借出去的錢不要期望拿得回來，如果有朋友借錢你要量力而行，至於作保和標會，我覺得最好都免了，借人家多少錢，還能在預算控制內，其他的就很難預估了。

　　當年在美國，有位房地產經紀人介紹我一間靠近教堂旁墓地的房子，美國墓地許多是墓碑矗立在青翠的草皮上，並不陰森，但心裡還是怪怪的，這個中國經紀人說服我：「轉個念頭想想看，這輩子讓你傷心、害你的，是有機會親近你的人，還是躺在草坪的那堆人？」所以中國人說，益友有三者，損友也有三者，結交正直誠信、寬容大度、學問淵博的朋友，避免結交諂媚逢迎、言行不實、花言巧語的損友。

　　別人幫助過我，我也真實回饋，但許多事，回想起來也有遺憾，我有許多地方要注意學習，有什麼遺憾呢？朋友之間，合作需要機緣，分手更需要智慧，有時朋友期望得到的幫助比較高，超過你所能夠或願意給的，這時分手要小心，不要傷害

到對方感受。如果讓我重來一次，我會多花點心思，更慎重地處理。

例如試著誠懇的寄上卡片或寫出原委，或親自面對面談清楚，我一直認為，真誠還是最大能取得對方諒解的元素，每一個緣分的結束，也都是一個善緣的段落，希望每一個轉身，都能做到溫馨和優雅，我相信你有比我更好的條件，因為你的個性溫和，如果你能注意到這點，那麼今天給你寫這封信就有意義。

我們常說，事業要經營，家庭也如此，朋友的往來也需要經營，步入中年以後的人，經常會掛在嘴邊的是，人生到後面渴望有老伴、老本及老友，可想見朋友的重要性。可惜的是，有些人和你交往，未必能夠成為真正的摯友，那天看了一本書《人生一定要有的 8 個朋友》，可以說，每個人因其特質或扮演的角色，都可以在人生不同時段和情景中，提供一個助力，這本書提到的 8 個朋友是：

1. 推手（Builder），推手擅長鼓勵，總會把你推向終點。他會真心希望你成功，即使他們必須為你承擔風險。

2. 支柱（Champion），支柱會永遠站在你這一邊，他們懂得讚美，讓你的生活多彩多姿，你可以安心與他們分享一切，不管別人怎麼說。

3. 同好（Collaborator），同好是興趣相近的朋友，這類朋友

是許多親密友誼的基礎。

4. 夥伴（Companion），只要有需要，夥伴總會在你身邊，他們幾乎是可以性命相託的朋友。

5. 中介（Connector），中介會搭起橋梁，讓你得到自己想要的東西。

6. 開心果（Energizer），這個「好玩的朋友」總會讓你有好心情，非常擅長找出正面的能量。

7. 開路者（Mind Opener），開路者開拓你的視野、鼓勵你接受新事物。他們很懂得如何激發你的創意。

8. 導師（Navigtor），導師可以給你建議，找到正確的方向。他們會為你剖析利害，找到解答。

上面所提到人生的 8 個朋友，不會是一個人扮演全部的角色，每個人可能只有一、兩項特質，我覺得值得你好好投入一些時間，在你周遭朋友中用心觀察，和他們建立起良好又穩固的友誼。很重要的是，你必須先要付出。明代著作《菜根譚》有此描述：「交友須帶三分俠氣，做人要存一點素心。」

俠氣指的是你在別人危機時，能夠患難相助，保有一份情義；素心是你能保有內心純潔。把握這原則，你會做得比我更好，希望你也能成為許多人心目中，人生最重要的 8 個朋友之一，我們一起努力共勉，餘後續。

小叔叔又上

Letter 9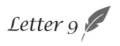

情緣東、西方，愛情與擇偶

小清：

　　人生的 5 個球，有一個是家庭。從愛情的開始、擇偶，到成立家庭，絕對是人生的大事和重要財富的創造，相信你從父母的相處和互動，多少有一些觀察和學習，了解家庭經營的不易。

　　過年常接到你的電話留言，我知道你的心意，可是對那件事，我總覺得做得不夠好，這幾年你對愛情有了更清楚的認知，此刻再跟你聊這事，應有不同感受，這事不親自體驗，很難說得明白。

　　當年你特意帶男朋友從賓州來跟我見面，之後希望和我單獨聊聊，見面才知道這是你媽媽的意思，了解你和男朋友交往的情形後，我這個做叔叔的認為你可以留下來，她就答應，不然就要求你回台灣。那天帶你去哈德遜河旁，與紐約一河之隔的李堡（Fort Lee）鎮上的韓國餐廳，用餐時聽了你的陳述，思考後，跟你講了一個故事，雖然我不看好你們的交往，但我沒說，當時的討論是你可以留下來，再交往看看，離開時你說非常訝異我的答案，在停車場給我一個感謝的擁抱。

　　當時沒說，今天我告訴你原因，品酒的人講究年份，不經時

阿甘投資法

間醞釀和催化，無法散發香醇，提早打開酒罈不會有那個效果，當時我覺得你與其帶著遺憾離開，因過多的思念又再回美國，不如你就花個 1 年相處，了解兩人是不是可以攜手走向人生。

這男孩確實有吸引你的特質，但就家庭婚姻的經營，還欠缺一些，就是對家庭的責任，以及所謂的承擔。從我的觀察，你對他的愛慕，遠多於他對你的關愛，2 年後你們分手了，你到加州，開始新生活。當時如果我勸阻你，你未必聽得進去，最好的方式，就是你走一遭，現在我相信你已成熟許多，你找到愛情了嗎？對擇偶的標準改變了嗎？知道優先次序了嗎？愛情擇偶的這個題目，從十幾歲到七、八十歲，都可以探討，我也沒有標準答案，但想說幾個故事給你聽，介紹 3 部電影。人生最難處理的愛情、擇偶和三角關係，在這些故事和電影中，有很多讓人低迴再三及參考的地方。

東方故事，要跟你談的是中國才女林徽因（1904 ～ 1955）和她先生梁思成，及「藍粉知己」金岳霖。前陣子，我重遊西湖，從清大為她在西湖邊打造的雕像，才知道她也算是杭州人，漂亮且才華橫溢，林徽因的故事和書籍很多，她當時沒有選擇徐志摩，而是嫁給了梁啟超的公子梁思成，金岳霖獲哥大博士學位後從美國回到清大、北大教書，曾任文學院院長，傳記資料敘述他為了林徽因而終身未婚，他確實終身未娶，但他曾和美國女友長期同居，育有一女。

金岳霖到底是多情放浪還是專一痴情，不是我想討論的，我想說的是，他和林徽因及梁思成的三角關係，不要說困擾了現代人，就算 1 千年後，依然是人生中可能遇到的問題。梁思成的續弦林洙曾在回憶錄中披露，1930 年代初，梁思成從外地考察回家，林徽因對他說：「我苦惱極了，因為同時愛上了兩個人，不知怎麼辦才好。」梁思成一夜未眠，第二天，他告訴妻子：「你是自由的，如果你選擇了老金，我祝福你們永遠幸福。」林徽因後來將這些話轉述給金岳霖，金岳霖回答：「看來思成是真正愛你的，我不能傷害一個真正愛你的人，我應該退出。」從此 3 人終身為友，毗鄰而居，這個故事告訴了你什麼？

　　接下來是 118 年前的故事，西方古典音樂最著名、最淒美的三角戀愛，應該來自舒曼（Robert Schumann，1810 ～ 1856）、他的妻子克拉拉（Clara Schumann，1819 ～ 1896）以及布拉姆斯（Brahms，1833 ～ 1897）。先考你一下，你知道德國著名的 3B 是什麼嗎？你可別告訴我是寶馬（BMW）和賓士（BENZ）。

　　網路上流傳拜金女孩子的名言：「寧可在 BMW 車裡哭，也不在單車後微笑。」等我介紹他們的音樂，你就可以接觸到另外一種瑰寶和財富，經典音樂可以豐富你的精神生活，讓你心靈富有得坐什麼車都能怡然自得。

　　在德國音樂中，人們常把巴哈、貝多芬和布拉姆斯，以他們姓氏的一個字母尊稱為「3B」，你可以想見他的地位。

舒曼是當年布拉姆斯最敬仰的音樂家，布拉姆斯前來求教就住在舒曼和克拉拉的家，克拉拉是位鋼琴家，舒曼後來投萊因河自殺被救活，但住進了精神療養院，1856 年，年僅 47 歲的舒曼過世了，幾年的朝夕相處加深了布拉姆斯對克拉拉的情意。但克拉拉是師母，而他始終尊重老師舒曼，理智最終壓抑住了自己的感情，他選擇離開，把那份愛意埋藏在思念裡。

　　故事講了一半，應該給你來一段背景音樂，《兒時情景》曲集中的〈夢幻曲〉是舒曼 28 歲那年的作品，此曲可說是德國浪漫派最興盛時期的佳作之一，你可以上網聆聽。

　　《兒時情景》描述舒曼的童年回憶，其中第 7 首，孩子玩累了，臨睡前聽著媽媽哼唱催眠歌，進入夢境，幻想著各種童話奇景，就是這首〈夢幻曲〉。因廣受歡迎，有各種樂器版本，小提琴韻味特殊，但一定要聽原汁原味的鋼琴曲，由 20 世紀著名的鋼琴家霍洛維茲（Vladimir Horowitz）所演奏，當時近 82 歲高齡，在離開故鄉 61 年後，對舒曼兒時情景的詮釋。

　　1856 年那一年，布拉姆斯離開了克拉拉，但他的心未曾離開，仍然停泊在「愛」與「琴」海。那段期間，他資助克拉拉全國巡迴演奏舒曼的所有作品；也寫過無數給克拉拉的情書，他們保持聯繫，時時關心對方的生活，空間隔離，心卻相繫，這對布拉姆斯的創作有深遠的影響，自此他的作品常流露內心深處情感的吶喊，用音樂創作表達愛慾與思念巨浪，達到巔峰。

當然，愛情的花不會只開一次，和克拉拉分別若干年後，布拉姆斯喜歡上一位女歌唱家，卻沒有結婚，後來她成為法柏夫人，布拉姆斯寫了一首曲子慶賀她第二個兒子的誕生，就是那首著名的〈搖籃曲〉。

　　1896 年，77 歲的克拉拉去世前，體力虛弱，依稀記得布拉姆斯的生日，用顫抖的手寫下了祝福的話語寄給他。不久布拉姆斯接到克拉拉去世的電報，63 歲的他正在距離法蘭克福 200 公里的瑞士療養病體，一路奔波，想見克拉拉最後一面，但克拉拉的遺體卻被送往波昂，輾轉奔波了兩天兩夜，他來到克拉拉墳前，拿出了一生中最後的作品──《四首最嚴肅的歌》的手稿，這是他為克拉拉的生日而創作，孤獨地站在墓前，拉了一首無人知曉的小提琴曲，傾訴著 43 年的情愫與 40 年的思念。

　　舒曼和布拉姆斯這兩位音樂史上的亦師亦友，對於他們深愛一生的克拉拉都留下了自己的深情感言，舒曼說他和克拉拉共度了 16 年「詩與花的生活」，布拉姆斯則說：「我最美好的旋律都來自克拉拉。」

　　知道你也愛看電影，「琴戀克拉拉」（*Beloved Clara*）這影片描述了他們之間彼此欣賞、愛慕，卻又相互牽制的微妙感情，不但糾結了他們的一生，也衝撞出無數動人的好作品，如〈萊茵交響曲〉、〈搖籃曲〉、〈匈牙利舞曲〉等偉大名曲。

　　這部影片大膽敢言，令人印象深刻，導演是身為布拉姆斯

家族後代的賀瑪・桑德斯布拉姆斯（Helma Sanders-Brahms），片中直指克拉拉最後一個小孩，不是她與舒曼所生，而是布拉姆斯。話說舒曼投河被救住院後，為避免他的精神刺激，醫生不允許他和太太見面，於是布拉姆斯便代為探視，這期間布拉姆斯自然成為克拉拉最重要的精神支柱，而布拉姆斯原本對克拉拉極為愛慕，舒曼住院期間，克拉拉正懷著第 7 個孩子。

　　基於此，電影有此揣測也在情理之中，但無從求證，也無需求證，如果不是，對當事者不公平，就算是，也無損布拉姆斯的情義，更何況 40 年的隔離也是一個夠嚴厲的折磨，我們看到的是因為關愛對方，而克制自己的可貴情操。接下來我建議你可以聽一首浪漫柔美的〈布拉姆斯：降 A 大調圓舞曲〉。

　　100 多年前的舒曼、布拉姆斯、克拉拉，幾十年前的林徽因、梁思成和金岳霖，他們是用什麼樣的價值觀和信仰，來處理這難解的三角關係？法國當紅女鋼琴家格麗茂（Hélène Grimaud）試圖從音樂裡解開這個謎團，她探索這 3 位西方音樂家的作品，發現唯一的答案就是「愛」，有人說愛能使偉大的靈魂變得更偉大。

　　最近一些年輕人追求愛情，常有令人扼腕的舉動：女孩子殉情、男孩子奪命，真正的愛是得不到時依然關愛對方，成全和放手，而不是獨占，更不是毀滅，過激的行為常是觀念和認知出問題，這需要學習，但學校和社會還欠缺這方面的教育。

放手，不容易，但這是一輩子都值得學的事，雖然椎心刺痛，卻是成長的必經過程，我相信你現在對愛情已經有不同感受，擇偶呢？希望你能夠分辨情和慾、靈和肉的差別，能夠完整結合，均衡擁有最好，不要讓慾凌駕了情，肉多於了靈，那樣的愛情很難有一個美好的結果。這東、西方的故事，不知你們年輕人有什麼看法和啟發？

　　上次問你，喜歡什麼樣的男孩，你說要有幽默感，我說這對東方男人來講不是件容易的事，風趣和幽默確實會增加吸引力，但婚姻不只需要這條件，有哪些呢？我想先不說，介紹 3 部愛情電影，有 2 部拿到奧斯卡金像獎，引人入勝，這 3 部影片看完，很想聽聽你對擇偶有沒有新的看法。

　　第一部是「大藝術家」（*The Artist*），這是 2011 年奧斯卡最佳影片，而且拿了 5 個獎，是黑白電影，我當時想能看嗎？辦公室助理說好看，我好奇看了，這不只是愛情故事，也是一個人生故事，美國經濟大蕭條時代，因環境變遷，男女主角身分地位大逆轉，名望、金錢、自尊成為他們愛情路上的障礙。

　　飽受挫折的男主角變得一蹶不振，但女主角希望能助他東山再起。台灣有一位藝人，經過愛情和婚姻波折，寫了一段感言：男人的魅力不在於是否長得帥，而在於遇到事情時，是否有肩膀和承擔，這部影片看得到不同性別對愛情的詮釋，故意保留一點情節，避免破壞你看電影的興致。

第二部影片叫「安娜‧卡列尼娜」(*Anna Karenina*)，2012年綺拉‧奈特莉（Keira Knightley）主演，根據托爾斯泰的小說改編。已婚的安娜邂逅了渥倫斯，點燃了心中沉睡已久的激情，不惜一切代價相愛了，她的命運被徹底改寫，走向另外一個軌跡。討論這部影片的文章很多，安娜婚姻的失敗，和片中另一對婚姻成功的對比，值得你去探討兩者的差異。

　　第三部電影「愛在心裡口難開」(*As Good As It Gets*)，這部影片是老牌演員傑克‧尼克遜（Jack Nicholson）主演，是他第二部拿奧斯卡金像獎的影片，那一年全世界的眼光都聚在另一部電影「鐵達尼號」，同台競爭還可以拿下男女主角獎，可見演員演技精采，片中穿插許多很棒的爵士音樂，連歌詞都有意境，我只選一首和你分享，你看完電影後可以繼續追蹤。

　　愛情、婚姻是什麼滋味，只有品嘗過才能感受，吸引人的愛情和走上完美婚姻的條件，未必相同，中國諾貝爾文學獎得主莫言也有感言，說他欣賞「年輕時陪男人過苦日子的女人，富裕時陪女人過好日子的男人」。

　　希望隨著人生閱歷，你愈來愈清楚什麼樣的男人，可以給你帶來幸福，觀察了那麼多家庭，我當然有些答案，你懂得如何擇偶了嗎？希望這兩則東、西方愛情故事及3部電影，能夠提供一些線索，讓你在這一生可以去探索幸福的真諦，而這是那一天在餐廳我無法教導和告訴你的。最後帶你聽這首「愛在

心裡口難開」的主題曲〈*Always Look on the Bright Side of Life*〉，希望你在生活中無論碰到什麼挑戰，請記住電影中溫馨的畫面，和音樂中輕鬆的口哨聲，記得人生沒有過不了的難關，你有我最誠心的祝福。

又上叔叔

 推薦音樂（請掃瞄 QR Code）

 舒曼〈夢幻曲〉

 Vladimir Horowitz plays Schumann-Traumerei from Kinderszenen Op.15（鋼琴曲）

 布拉姆斯〈搖籃曲〉

 布拉姆斯〈布拉姆斯：降 A 大調圓舞曲〉

 Always Look on the Bright Side of Life

Letter 10

一封遲到 25 年的信

水江兄：

　　和你碰面的場景依然清晰，記得那時《工商時報》就在萬華火車站附近，我們有一個很愉快的交談，最後你提到先把稿子傳真給你們，再逐期刊登。回美國後，我沒忘記這件事，但台美兩邊的差異，寫什麼對台灣讀者有幫助？這個不確定，下筆前諸多猶豫，再加上忙著事業衝刺，寫稿這事就擺在心頭，擱置下來。

　　每次回台，搭華航或長榮班機，機上有中文報可閱讀，在 3 萬英尺的高空，連思緒也跟著翱翔，每每看到社論或評論，都感覺台灣人才濟濟，有這麼多的好論點，應該也不缺我的，是事實也是藉口，這稿債跟隨了我 25 年。

　　2014 年初美東大雪，窗外雪花紛飛，最容易打開思緒的窗口，又看到了台灣的財經新聞，貧富差距持續擴大，但游資充沛，約 20 兆元停在銀行體系，感觸的是 1950、1960 年代台灣是沒錢，但有一份生存下來的鬥志和走出去的拚勁，這麼多年下來，有了一些舊錢，不會當老大就算了，竟然也不會投資，舊錢帶不進新錢來，雖是地球村公民，卻不懂利用全球的資源和

投資機會，我不禁思考問題出在哪裡？

1. 政策體制

　　最上層的，如產業決策、國家發展方向及稅制合理公平，是否有足夠的誘導，讓資金往健康方向發展，台灣資金流向彷彿颱風期的河水暴漲，或夏季缺水期的枯竭，既無水庫，也無疏洪道，和美國證券市場的蓬勃發展，兩相對比就可以知道我們的問題所在。先別說美國維持高稅率的遺產稅，誘導富人的資金用在社會公益捐獻，也讓民間非營利組織發揮了功能，美國最讓人羨慕的，是已建立了資金水庫和疏洪道，讓資金源源不絕流入資本市場。

　　怎會有此現象？美國所得稅高，節稅工具有限，房貸利息是其一，退休金帳戶是其二，光是退休金帳戶這管道，就讓股市資金像連接了永不枯竭的水庫，以 2015 年為例，小至個人帳戶 IRA 可放入 5,500 美元，到企業的 401K 計畫，每人每年可存入 1.8 萬美元，若是選擇確定提撥制（Defined Benefit Plan），金額更高，這些錢可從所得中扣除，政府當你沒有這筆收入，是很大的省稅福利。

　　這誘因有多大，假設年收入 5 萬美元，其中 1.8 萬美元可從所得扣除，換算下來近 40% 收入不需繳稅，這些錢全進了金融體系和證券市場，民眾提供資金，美國公司在這基礎上，利用創

意、產品和管理，行銷全世界。

美國制度相對合理，投資的虧損可從薪資所得抵稅，但國家建設還是需要稅收，所以虧損部分每年限抵減 3,000 美元，未抵完的來年再抵，一旦投資有獲利時，未用完的餘額可一次抵減。

台灣專家對於稅制問題早有好建言，但至今仍無法落實，而美國在我留學的 30 年前已完成這稅制，進入良性運轉，回頭看，原來一個國家的強盛，還不只是人民的勤勞，能否制定公平合理的法律及落實，這種軟實力更是關鍵，坦白說，在美國待了這麼久，卻對這國家愈來愈不了解，是怎麼做到的？

台灣經修法後，也有確定提撥制的退休帳戶，但缺少誘因，一是自己投入的金額不能抵稅，二是經由機構代操，不像美國每個人除了社會安全帳戶外，還有個人的退休帳戶，搭配多元化的產品，來符合自己理財需求，一年到頭，資金源源不絕進入證券帳號，光這設計，就算沒有外資，美股資金血庫都是充沛的。立法的層面暫且不論，那麼主管機關和我們有哪些可著力的地方？

2. 法令適度鬆綁

台灣在進步，只是幅度和速度可再加強，主管機構也想活絡市場，夠努力，但可惜力道不在關鍵點上，例如鼓勵短線當沖，雖有助成交量，卻不是正確方向。當散戶賠錢的人多，怎能形成有吸引力的市場，短期或許有效，長期有殺雞取卵的危險。

不妨談一下主管機關還可以活絡哪些事。因結構的安全設計，台美兩地的共同基金都不會倒閉，但雙方對安全和效能管理存在思維上的極大落差，美國有反托拉斯法，防止太大的企業壟斷資源，美國不擔心企業太小，擔心的是不公平的競爭阻礙了效能、創意和活力。

安全跟創意如何兼顧？翻開法規，就知為什麼我們的思維僵化，在台灣成立一個開放式基金，先要募集約台幣30億元，這龐大的金額，非一般人可參與，多是機構先以自有資金為主，達到成立標準後，再吸引投資者的資金，然後抽回自有資金，易形成基金的資金愈來愈少，績效表現不好的，只能結束。

美國的做法剛好相反，在美國成立一家共同基金公司，需要多少資金呢？期初種子資金是10萬美元，沒錯，只需10萬美元，因資金要求不高，自認為有能力的人都可以做，如果一開始就像台灣的要求，那麼巴菲特當年也沒有創業的機會，沒有巴菲特的美國多麼可惜，美國是一個可以讓人才有機會表現的地方。

在台灣成立一家基金，要龐大資金的道理在哪？在主管機關眼裡：大就是安全，結果台灣基金發展到現在，媒體報導有操盤手因職務之便，拿基金哄抬自己預先購買的股票，甚至跟市場派或公司派結合，做為個人牟利的工具，基金大，有安全嗎？完全沒有，不但沒有，反而危害更大，就像當年的中興銀行、台中商銀、力霸集團，每家都是資金龐大的公司，但都造成嚴重的超貸

或掏空案，所以資金大小與安全扯不上關係，更重要的是嚴謹的監管和執法的落實。

照這個道理，在美國10萬美元就可以成立共同基金，豈不天下大亂？美國想成立基金的人不少，但付諸行動的不多，為什麼？因為門檻雖低，但有高規格的安全要求，美國管制的是安全，不是資金大小，任何有本事、有理念的人，都有築夢機會，管理得好、遵守安全要求、有好績效，資金規模就會愈來愈大。

簡單說，如果台灣法規不能朝正確的方向規劃和鬆綁，就難有良性影響，有些營運計畫還要求辦公室設計圖，難道辦公室的設計，跟基金安全績效有關？這都是管理方向的錯誤，台灣有不錯的人力素質，又有龐大的資金，若法令能適度鬆綁，只管安全和原則，操作和市場推廣上不應設限太多，讓更多有能力的人，能在績效上培養出一些台灣的巴菲特，好績效也引領更多投資者，帶來良性循環。

美國在這方面的運用可以參考，美國的視野和資金都面向全球，台灣對境外投資有一定需求，除了代理外，應培養本國對全球市場投資的操作人才，看台灣對境外基金代理和法規的設限，都讓我覺得非常可惜，有人才、又有資金的台灣，卻沒有看到相對應的高度和格局。美國投資者光憑資金就可以縱橫全球，台灣是不是浪費了自己手上的青冥寶劍，這些都可以透過法規鬆綁、操作的活化和創意的發揮，改善和提升。

3. 理財教育推廣

　　每每看到台灣人才濟濟，卻又動彈不得，那種惋惜，真是難以言表，但與其詛咒黑暗不如點燃蠟燭，我覺得自己可以做的就是從基層教育開始，推廣觀念讓投資者手邊的錢可發揮功效，透過正確的投資方法，解開不敢行動的盲點，在簡單、安全，又有績效的原則下進行投資，只要有獲利，必然會帶動台灣的消費。

　　我有一段時間也猶豫，並不希望台灣的資金外流，美國華爾街不缺台灣資金，但台灣的企業卻相對需要，其實這也是觀念上的盲點，經濟學者李勝彥指出，美國金融市場全球化程度之高，從 2010 年到 2014 年第 2 季美國境外投資部位的 GDP 占比，由 47.85% 上升到 57.56% 可看出，且逐年上漲。簡單的說，美國不僅利用了全世界的資源和人才，資金也大量投資在全球有競爭的企業，進而分享成長獲利，如台積電就有高比率的外資，台積電的獲利和成功，美國投資者也能分享。

　　當美股價格偏高時，美國投資者就到海外找尋更好的投資機會，台灣的投資者也應學習這種策略，要懂得利用自己的資金，面向全球，這種觀念的再教育、再啟迪，都有助於台灣資金的活絡、利用和獲利。

　　我認為只有教育和觀念的推廣，可以產生改變，這包含了大戶、散戶和年輕人。台灣大戶應該了解，一個多數散戶不會賺錢、成交量萎縮的市場，絕對不會是雙贏的，大戶綁架了散戶，

以成交量的下跌作為談判籌碼；一個不能對股市所得課稅的國家，怎能讓社會和諧？套句一位政治家所說，一個富人如果旁邊都是窮人，對富人而言不會是一個舒適、安全的環境。

有人問巴菲特：「對於公司在 1993 年繳了 3.9 億美元的稅有何看法？」他說：「我和夥伴查理一點都不抱怨繳這麼多的稅，我們生活在一個市場經濟體制的社會，得到的報酬已超過其他和我們同樣付出的人。繳稅只是讓這不公平的獲利平反，即使繳完稅後，我們還是擁有相當的報酬。」

台灣一大堆人想學巴菲特，但都沒有學到精髓，巴菲特在美國得到尊敬，不只是他在股市獲利的能力，更重要的是，他代表了一個社會的良心，和一個模範的角色。

投資大戶如何衡量自己一生的價值呢？有遠見的應以巴菲特為典範，帶頭登高一呼，支持公平正義的稅制，也就是股市獲利應納入所得，繳這些稅，對大戶只是九牛一毛，但可以幫助國家稅制健全、社會進步，當財富到了一個階段，能扮演這樣的推手，人生有什麼比這更有意義的呢？這樣的人恐怕需要帶點浪漫、有高瞻的視野和信仰的情懷，期待台灣也有這樣大戶的出現。

至於對躲在定存、靠微薄利息收入、或找不到投資標的廣大投資人，如何找到簡單、安全和有績效的投資方法，是重要的第一步，而這本書介紹了符合這 3 個標準的工具，接下來是讓更多

人能參與、分享台灣及全球經濟成長的果實。

對年輕族群的教育，首要的是，了解勤儉致富及獲取第一桶金的重要，有了第一桶金，就有了立足點，也就有機會和全世界一流的企業共同成長，年輕人有希望，這個國家就有活力和安定。

對一般投資人和年輕族群的理財教育，值得大家注意和推廣，台灣民眾勤奮、善良，如果因為觀念上的盲點及視野的受限，以致於沒有行動，十分可惜，教育絕對是脫離貧窮、創造財富的最佳途徑，只要播種，就有希望；只要開始，就會有收穫。

有人說，一輩子為錢工作很可惜，這一年為這本書的準備工作和投入，讓我發現原來當年留在美國學到了別人的經驗和長處、此刻歸還欠了你 25 年的稿債，原來都有因緣，像賈伯斯所說的：「回顧過往，你才會明白生命中的點點滴滴，是如何串聯進而產生意義。」今年有這個動力，完成這本書，這背後你也是推手之一，謝謝你！

寫於 2014 年感恩節之後

登高後的再回首──
見林也見樹

你怎麼定義成功？有人說成功是一個過程，而不是結果，對人生而言可以如此注解，盡心盡力的過程本身是美麗的，但結果有時非能所願，中國人所說的盡人事、聽天命，就有這樣的味道。

但是對投資而言，不能只看過程，要的是結果──早日達到財務自由，或讓金錢做事，借助獲利實現理想。

如何做到？這需要觀念的指引、對的方法和管理，在我的職業生涯中，幫助了許多人達到財務自由，我一直認為觀念比技巧更重要，因為觀念是一個方向，如果方向錯誤，加速只會離目標更遠，這也是本書在投資觀念和情緒管理上，不厭其煩一再加強的原因。

方法當然也重要，因為有較高的效率，可少走許多彎路，但現代人喜歡炫耀複雜的操作技巧，以為那是致富捷徑，心想不複雜怎麼可能獲利？其實百年來的華爾街只有 3 個敵人：

貪、怕、沒有耐心，能夠克服這 3 個天敵，離投資成功就不遠了。這本書一路走來，初期我們在林中行走，只能見樹而不能見林，等到達一定高度，再回首，既可見林又可見樹，我們試著簡單的回顧，希望有這樣的效果。

1. 銀行定存是假安全

選擇看似安全的銀行定存，或利率勉強可打平通貨膨脹的公債，這通常是溫水煮青蛙的族群，誤解了投資安全的意義，以為本金不波動就是安全，而忽略了真正要達到財務安全，需要擊敗物價膨脹所侵蝕的購買力，這就有必要將部分資金，投入有成長性的工具，只要給個合理的時間，例如 10 年以上，就會發現銀行定存「短期很安全，中長期非常危險」。

股市剛好相反，短期看似危險，但長期非常安全，而且有成長，哪一個對你比較重要呢？不敢進場的朋友，一定要找出自己的盲點，讓足夠的證據或透過專業的協助，解開盲點。不採取行動，除非你的資產豐厚，不然難以對抗未來購買力下降的威脅，而這是我們最擔心的，因為那時你已經沒有時間再做規畫和反應。

2. 用 ETF 降低投資風險

為什麼整本書都不涉及個股的分析和操作？因為這是連專

家都未必能駕馭好的工作，有一定難度，需要方法和經驗，而經驗通常是伴隨著昂貴的學費和時間付出而來，一旦你走入那個方向，有 80% 的機會失敗。

所以本書不做個股分析，使用標普 500 或台灣 0050 這樣的 ETF，至少可以得到 3 項重大福利：

（1）節省時間成本，將管理個股的時間用在你的專業和工作，再將收入進行投資，有較高的產值和效益。

（2）避免昂貴學費，投資經驗不可能憑空得來，通常要繳學費，而偏偏投資不同於其他競賽，下棋輸了明天重來，棋盤上的子兒一個都不少，投資完全不一樣，輸掉了一半，下次要有 100% 的獲利成長才能打平，這當中沒有人會平白給你錢和資源，一失足，有時未必有資金再站起來。許多人不了解這個殘酷的事實前，就選擇投資個股；不投資個股，可以避免繳學費。

（3）大幅提高成功機率，用 10 年以上長期投資，標普 500 和 0050 這 2 檔 ETF，跌下來都還會彈回去，立於不敗之地，大幅提高了成功的機會。

3. 把握人生 20 年黃金期

標普 500 和 0050 當然也有缺點，本質上還是股票，市場短期價格的劇烈波動，會讓人卻步，特別是接近退休時，所以要

充分把握人生可以禁得起股市短期震盪的黃金期，把握這15～20年的時間，投入較多的資金在標普500，打下基礎。在可以承受風險時，卻選擇過度保守，那麼就像該搭飛機的旅程，卻選擇了步行，緩不濟急且難達目的。

4. 別總是等待完美時機

台灣股市長達30年在區間整理，長抱不動的做法難有優勢，這養成了多數台灣投資人短進短出的習性，但若投資美股，這種思維要調整，避免為了抓完美時機，錯失了在場內累積成長的契機。

阿甘投資法用2個不同時段的數據證明，就算碰到百年罕見的股災，只要有20年的投資時間，有下列兩種效果：

（1）再倒楣的人，只要持續投資全球有競爭力的市場，依然可以獲利；阿甘投資法顛覆了許多人的認知，20年投資下來，極端好和極端壞的投資，兩者成果的差異並沒有大到超乎多數人的想像，不挑時點待在場內的績效，不會低於找尋完美時間點的操作，畢竟股市再行，你不在場，也不行。

（2）小兵可以立大功，再小的資金都可以發揮功效，特別是剛進社會的年輕朋友，要好好利用，投資可以涓滴成河，許多投資人失敗，在於大錢賺不到、小錢看不上，錯失了小錢持續累積成長的效益。

5. 第一桶金是重要關鍵

人生免不了要面臨許多轉折，這也通常是關鍵點，就理財而言，第一桶金的獲得是非常重要的關鍵和轉折點，有了第一個 300 萬元，你可以建立分身的小雛形，不再靠薪資收入單打獨鬥，愈晚獲得，人生後面愈辛苦，愈早搶下這個灘頭，你的理財路上就多了一個幫手，慢慢地會變成兩個幫手。

接下來會發現，人其實就只有兩條腿，但是錢卻有四隻腳，年輕族群要搶下這一桶金，只有兩個密碼，百年有效，千古顛撲不破，那就是勤與儉。

6. 慢慢走最快的哲學

如同巴菲特所說，找一個濕漉漉的草地和一個夠長的坡，美國標普 500 就有這味道，別想著一夜致富。讓我們重溫一下：你手邊的資產投入標普 500，過去 10 年會成長 1 倍，過去 20 年成長了 6 倍，過去 30 年成長了 23 倍，以上的成果，投資報酬並不需要很高，年複利分別為：過去 10 年 7.25%、20 年 9.55%、30 年 10.81%，這個數字會讓許多人訝異，致富的年複利根本不需要 20%，長期投資連 15% 的年複利都很高難度。

追求合理投資報酬的人，比較不容易受到傷害，因為高速的結果容易翻車，如果你的目標只是「千萬」富翁，勤儉加上合理的投資報酬，只要照著本書的方法做，成為千萬富翁絕對

不是問題。

7. 用資產配置分散風險

　　談了那麼多好處，難道沒缺點嗎？當然有，每種工具都有其限制和不完美之處，老張和阿甘成功的投資法，可能有一半的人照做會失敗，什麼原因？因高估了自己的風險承受力，也就是在某個階段無法承受股市的劇烈波動而出場，不相信嗎？看看金融風暴有多少人在股市低點出場，好的投資方法，碰到了不對的時間，或是對自己風險承受力了解不夠，都能毀掉一盤好棋。

　　有沒有方法可彌補？有的，資產配置的設計可以解決此一難題，但許多人未必會用，也未必願意用，什麼原因？還是我所說的觀念問題，和是否了解透澈，這部分內容不少，以後有機會再論。使用資產配置可以讓風險承受度低的族群，也可以投資股市，分享經濟成長，想進入股市卻因劇烈波動而卻步的人，資產配置是值得借重的好方法。

8. 鐘擺理論的股市本質

　　股市是經由人的操作，有人的地方，就有情緒的因素，而貪、怕的反應又讓股市在漲與跌、高與低之間，做極端的搖擺，甚至在超漲和超跌的階段，戴上了偽裝的面具，看不清這

個特質和現象的投資人,通常要付出慘痛代價。

利用鐘擺現象,抓出「相對」高低點,投資就多了一層保護,特別是在台股,所以書中介紹了 3 種相對高低點的判斷方法,從數據來看,做法是有效的,至於美股的高低點判斷則稍微困難,因為美股不是在區間整理,標普 500 每隔一段時間就創新高。

投資大師彼得林區曾經做過這樣的推算,每年持續固定在 1 月 30 日投資 1,000 美元在標普 500,52 年後這 52,000 美元的本金會成為 355 萬美元;如果股市每次下跌超過 10%,則機不可失,再增加 1,000 元的投資,在這 52 年當中,一共有 31 次的機會,總投資金額為 83,000 美元,52 年後效果更驚人,本和利將高達 629 萬美元。

所以就算不會判斷鐘擺的高低點,使用阿甘投資法,或者彼得林區下跌 10% 再加碼,這 2 種做法中長期都可看到不錯的結果,如果還能夠注意美國長期合理的本益比,做適度加碼和減碼,再進一步懂得資產配置中神龍擺尾的運用,效果可能會更好。但對一個每年只花 10 分鐘理財的人,上述阿甘和彼得林區的投資法就夠了。

9. 0050 簡單賺價差

國發會提供的景氣對策信號,含有 9 項影響經濟變化的項

目，也包含了股市極為敏感的領先指標，對投資台股有相當精準的參考性。

特別是以經濟即將衰退的「黃藍燈」啟動買點，分 10 次進場的 D 方式，績效最穩、最理想，以 1995 ～ 2007 年成績來看，總報酬 294.69%，領先長抱不動的 136%，而在 1995 ～ 2019 年過去 20 幾年，以總成績 1,152.17% 領先大盤 495.6%，是大海中為你打撈的金鑰匙。

等有心得和操作熟悉時，在景氣衰退的藍燈谷底區域，可以改為定時不定額的方式，在底部加大資金投資的力度，並且在接近高點時，參考邱小姐 28 分的警戒分數賣出，兩者搭配，效果更佳，是簡單、穩健，且有良好績效的投資心法。

10. 台股、美股混搭投資

由於美國特殊的競爭體質，長期獲國際資金青睞，但依然逃離不了漲多拉回、跌深反彈的發展趨勢，美股價格偏高時，美國國內資金必然在國際上尋求新的投資機會，標普 500 和國際基金經常此起彼落、各領風騷，所以台股、美股的混搭，有某種程度的互補，任何一方價格偏高時，另外一方都可以成為相對安全的資金停泊港。

加上台股還有 0056 這個高股息 ETF，從過去 3、40 年的紀錄來看，美股表現確實優於台股，未來是否還保有相同的成

長力度，就美國體質來說，是有較高的機會，但沒有人能鐵口直斷，所以適度的混搭可以發揮不同市場的特性。

11. 找出合理買賣點

當世界變成地球村時，全球資金都在尋找投資機會而快速移動，資金是被吸引進來，還是逃離出去？最後的關鍵都在於是否有投資價值，這部分有參考指標可以判斷，但是沒有絕對答案。

台股的合理價格買賣點，景氣對策信號分數和燈號，有相對準確的參考意義，至於美股部分，通常我用 4 個面向來概算：標普 500 的盈餘成長率、本益比、利率環境、國際局勢，但想要更精準抓到高低點的人，對股市合理價值的評估要下較多功夫。

12. 攻擊得分、防守獲勝

退休前 5 年，別忘了資產配置的策略。巴菲特給家人的遺囑中提到，將資產 90% 放在標普 500、10% 放在現金或短期公債，這跟我們整本書提到，阿甘投資法將投資放在標普 500 跑了最少 20 年，背後的精神和考量很接近。

但是我們要指出那是第一個階段的阿甘——青春活力，只求付出不求回報，這些成果一旦進入了成熟期，或要退休前的

阿甘，就需要懂得保護這些當年辛苦的成果。畢竟不是每個人都有巴菲特的實力，巴菲特的 10% 資產，夠他家人用上 10 輩子，可以承受大大小小的股災來襲，一般人沒有這樣的條件，所以在接近退休的前 5 年，投資策略要有所調整。

也就是退休的前 5 年，投資策略要加入有防守性的資產配置，最簡單的就是所謂的股債共舞，用具成長性的股票型 ETF，搭配具防守性的資產，例如公債 ETF，這是我覺得每一位投資人都應該學會的管理技巧，我的第二本書《你沒有學到的巴菲特：股神默默在做的事》，就是為這個理論和操作技巧而寫。

資產配置的操作可以很簡單，一如本書所採取的方式，但是了解背後的機制，和為什麼要這樣做？需要花一點時間閱讀，但有助於你邁向財務自由，很值得。

這本書提供了以簡馭繁的投資方法，讓你賺取財富之餘，得以空出雙手和時間，追求均衡的財富人生，關注那易碎的人生其他 4 個球。

祝福每一位讀者，因閱讀而讓智慧更靠近！

何以頻頻回首——
讓他們看見自己的財富

　　你對別人最大的幫助，不是和別人分享你的財富，而是讓人看見他們自己的財富。（*The greatest good you can do for another is not just share your riches, but to reveal to him his own.*）

　　——前英國首相班傑明·迪斯雷利（Benjamin Disraeli，1804 ～ 1881）

　　願此書能幫助更多人早日達到財務自由，並了解整體均衡的人生才是真正的財富。

　　我寫這本書的目的很簡單，希望在有形財富的獲得上，引導有緣閱讀這本書的朋友，透過觀念的指引、理論的講解、實際的操作方法，來建立人生第一桶金並邁向財務自由，同時在其他財富上，了解人生 5 個球均衡追求的重要性。我的目標是幫助 10 萬個人賺到千萬台幣以上的資產，這不是我給予的，而是原本屬於大家的，我只是引領而已。

這不意味本書賣出 10 萬本才能幫助 10 萬個人，一個家庭有好幾個成員，一本書可能有好幾個人閱讀，這是印刷傳播之美，也是觀念分享帶動的力量。2014 年情人節前夕，寫了一封信給朋友，題目是「情人節和你分享一個小小的進步」，以下是當時的摘錄，和你分享：

　　親愛的朋友：

　　明天 2 月 14 日，西洋的情人節，落在星期五，讓亞洲花店的老闆們鬆了一口氣，他們說，情人節如果在週末，訂花的生意少一半，原來情人送花到上班場所，還有「宣示」的重要意義，現代人活得多采多姿，但又不輕鬆。

　　人間除了有愛情，還有親情與友情，今天美東又是大雪，這麼一個飄雪的日子，讓我們也「談情」一番，誰說情人節只限定於男女之愛呢？

　　美國還美嗎？在異國的天空打拚了 29 個年頭，要回答這個問題還真是五味雜陳，不知如何說起。辛苦有，汗水少不了，淚水難免，歡樂與喜悅伴隨，這不只是我，是所有在美國「真正奮鬥」過的人，共同的寫照。

　　在美創業 10 年後，1999 年我成立了少數華人在聯邦證管會註冊的共同基金，這間公司也是用我的名字命名，又上成長基金（Upright Growth Fund）。賺錢不一定要走這途徑，為什麼要這

樣做？我當時有個感觸：「華爾街不缺資金，但缺東方人的面孔。」但這有兩個挑戰，第一要有舞台，第二要有亮麗的成績，這兩者都不是輕鬆的任務，我也不知能否達成。

上個星期五，電話鈴響了，原來是小時候就耳熟能詳的媒體雜誌——路透社的記者，表明想要採訪，電話中我們聊了近1個小時，昨天我看到這篇報導，標題是：「無名小子如何擊敗華爾街」（*How a little-known stock picker beat Wall Street*）。

這個無名小子不是別人，就是現在給你寫信的我。

這次記者有興趣採訪，我猜應是1月美國股市下挫，他可能好奇，1月有沒有不賠錢的基金，看了他的報導，我也嚇了一跳，我們的基金竟然是1,781家全美大型基金中，唯一賺錢的。1個月的成績當然不足以說服別人和報導，我們過去5年的成績，才是吸引他的第二個主因。

記者報導，通常是內容平實，但要「標題聳動」，這樣子才能夠吸引眼球。過去5年我的成績還可以，但還談不上擊敗華爾街，充其量，也不過是在夜寐沒人的華爾街，裸奔呼嘯而過，沒什麼人注意，下一個5年還能保持這樣的成績，同時基金成立以來的績效，也還能夠擊敗大盤，那時值得對我注意一下，長程馬拉松賽跑，一時的領先還言之過早，我很高興記者把我這段話寫在結尾。

不是我謙虛，了解我的人都知道，我一點都不，華爾街不

是讓你擊敗的，也沒有幾個人有這個能耐，我只想和她跳首滿場飛舞的華爾滋，為我的投資朋友，早日到達財務自由，完成他們對我的信任和託付。

去年，我們的投資朋友當中，有 5 個人的帳戶，僅 2013 年這一年就有 70 萬美元的獲利，幾乎都超過了他們 1 年的工作所得，「投資要分身有術」，在你人生不想工作、不能工作，或出現其他變化時，分身要繼續為你創造財富，這是投資的目的之一。

這 5 個人都有共通特點，有值得參考的地方，這樣的學習，和情人節收到鮮花一樣，都是人生的重要學習課題。

又上敬筆

每一件事都有其緣起，會寫這本書也是如此，以上的分享，像是一個分界點，新目標的開始，該是我實現多年前的心願，幫助其他也需要指引的朋友，而一對一的方式有困難，書可以不受時空阻隔，打破這樣的界限，這也是我們在這裡相逢的原因。

1985 年赴美留學，飛行的第一站不是東京，也不是夏威夷，而是首爾，不是為了看韓星，而是韓航最便宜，加上老師說機上紅酒隨你喝，所以選了這條費時又不順的路線，那是窮學生用時間換鈔票的做法。當時美國的校園，台灣留學生人數

眾多，蔚為主流，韓國學生稀稀落落，課堂上的表現也沒特別突出，但 30 年下來，世界在不停地變動，河東河西互相易位了。

出國前，3 位工專老友世鈺、國鋒、志平，送了我名牌的飛利浦電動刮鬍刀，讓我每天早上都想起他們 3 位的情誼。看到飛利浦品牌時，有什麼聯想呢？我想到的是台股市值第一的台積電，飛利浦當時是第二大股東，20 年來獲利近 300 倍，創下外商在台灣的投資奇蹟。當時台灣缺少資金，但創造了一流的企業。

1987 年畢業的我們，面臨兩種選擇，一是回台發展（台積電在同年 2 月創立），另外是留下來先學國外的經驗，這一留，許多人在美國待了下來。回頭一看，25 年前蓬勃的台灣證券市場，指數在最高點 12682，同期美國的道瓊指數約 2791 點，而 2014 年道瓊已創下 1 萬 8 千點（不考慮股利再投資），相差近 5 倍，可以說美國的華爾街並不缺台灣的資金，而台灣可能欠缺像美國華爾街這樣一個國際舞台所擁抱的投資機會。

我的留學生涯早已告了段落，驀然回首，看到台灣投資人現在面臨的困局，真有諸多感觸，中鋼在 2014 年籌措公司債，7 年期公債利率 1.78%，15 年期的利率只有 2.15%，而過去 30 年台灣的物價膨脹率約 2% 左右，這樣的投資，無法對抗通貨膨脹，看來有許多人，還無法選擇正確的投資工具，為自己創

造未來的財務自由，讓我憂心。

　　簡單的說，許多投資人之所以失敗，是一開始的觀念和態度出了問題，可惜許多人專注在選股技巧，沒有正確的觀念指引，徒有資金卻無法創造財富，令人扼腕！再者，當投資環境碰到瓶頸時，不懂得借鑑別人的經驗，如荷蘭飛利浦公司借助資金和技術，擁抱新的投資機會。據報導，台灣有近 20 兆元在銀行體系，游資充沛卻坐困「金城和愁城」。

　　近 30 年的專業生涯中，我看過無數成功和失敗的例子，該不該把這些經驗和心得讓更多人也能獲利？2014 年道瓊指數創新高，我個人的成績還算可以，也為許多客戶打造了投資的分身。在自己可以雲遊四海、享受從諸多汗水和錯誤學習中所累積的些許成果時，卻更驚訝有那麼多人，還無法擁抱投資機會，我是視而不見，還是該做個分享？當年留在美國的初衷還在嗎？如果還在，現在不做又待何時？

　　這本書可以完成，就像「千人糕」的故事一般，背後有人種稻、碾米、製作、烹調、販賣，上千人的參與才可以完成，要感謝彭蕙珍小姐的引薦，陳美靜總編提供的機會，主編張曉蕊和副主編簡翊茹的專業和用心，助理陳麗的用心投入和各項協助。也要感謝我的兄弟姊妹和家人，在我人生成長過程中給予的關愛和協助，當然也感謝以前在我手裡操作失敗的個別客戶，沒有這刻骨銘心的痛，不會激起這麼強烈精益求精的學習

精神和鬥志。

　　要感謝的人很多，更多一路走來相遇、支持和幫過我的朋友、夥伴、客戶，一併感謝。

　　特別要感謝的是 95 歲高齡在南柯一夢中過世的父親闕振先生，他讓我勇於在錯誤中嘗試，沒有這份放手和信任，我無從磨練在股市管理中堅韌的心理素質和鍥而不捨的毅力，還有我這一生中最重要的 2 位女人——我的母親王蘊惠女士和妻子李永珍，她們都在可以開始享福時，因病過世，她們的賢惠和善良，讓我在工作上，不敢或忘她們美好的德性和影響。

　　我曾在一年中失去 3 位親人，我的岳父、父親和妻子，這樣的際遇，讓我更有機會思考人生的本質和意義，是他（她）們用生命，讓我應付和學習人生的各種課題，如果哪一天可以有一點小成果，是所有這些人給予和成全的，每年的感恩節，我都在風中畫滿他（她）們的名字。

Note

Note

Note

Note

Note

國家圖書館出版品預行編目（CIP）資料

阿甘投資法：不看盤、不選股、不挑買點也能穩穩賺 /
闕又上作. -- 第一版. -- 臺北市 ：遠見天下文化,
2020.05
　　面；　公分. --（財經企管；BCB705）
ISBN 978-986-479-996-1（平裝）

1.股票投資 2.投資分析 3.投資技術

563.53　　　　　　　　　　　　　　109005985

財經企管 BCB705

阿甘投資法
不看盤、不選股、不挑買點也能穩穩賺

作者 —— 闕又上

副社長兼總編輯 —— 吳佩穎
責任編輯 —— 黃安妮、李文瑜
封面設計 —— FE 設計 葉馥儀
內頁設計 —— 可樂果兒
內頁排版 —— 小雨

出版者 —— 遠見天下文化出版股份有限公司
創辦人 —— 高希均、王力行
遠見‧天下文化 事業群榮譽董事長 —— 高希均
遠見‧天下文化 事業群董事長 —— 王力行
天下文化社長 —— 王力行
天下文化總經理—鄧瑋羚
國際事務開發部兼版權中心總監 —— 潘欣
法律顧問 —— 理律法律事務所陳長文律師
著作權顧問 —— 魏啟翔律師
社址 —— 臺北市 104 松江路 93 巷 1 號

讀者服務專線 —— 02-2662-0012 | 傳真 —— 02-2662-0007；02-2662-0009
電子郵件信箱 —— cwpc@cwgv.com.tw
直接郵撥帳號 —— 1326703-6 號 遠見天下文化出版股份有限公司

製版廠 —— 中原造像股份有限公司
印刷廠 —— 中原造像股份有限公司
裝訂廠 —— 中原造像股份有限公司
登記證 —— 局版台業字第 2517 號
總經銷 —— 大和書報圖書股份有限公司 電話／ (02)8990-2588
出版日期 —— 2020 年 5 月 15 日第一版第一次印行
　　　　　　　2024 年 9 月 5 日第一版第三十一次印行

定價 —— NT420 元
ISBN —— 978-986-479-996-1
書號 —— BCB705
天下文化官網 —— bookzone.cwgv.com.tw

天下文化
BELIEVE IN READING